Sobre Direitos Humanos

OSHO

Sobre Direitos Humanos

Tradução
Luis Gonzaga Fragoso

1ª edição

BestSeller
Rio de Janeiro | 2026

TÍTULO ORIGINAL
On Basic Human Rights

TRADUÇÃO
Luis Gonzaga Fragoso

DESIGN DE CAPA
Estúdio Foresti Design

CIP-BRASIL. CATALOGAÇÃO NA PUBLICAÇÃO
SINDICATO NACIONAL DOS EDITORES DE LIVROS, RJ

O91s Osho, 1931-1990
Sobre direitos humanos / Osho ; tradução Luis Gonzaga Fragoso. - 1. ed. - Rio de Janeiro : BestSeller, 2025.

Tradução de: On basic human rights
ISBN 978-65-5712-517-5

1. Osho, 1931-1990 - Visão política e social. 2. Direitos humanos - Aspectos políticos. 3. Direitos humanos - Aspectos sociais. I. Fragoso, Luis Gonzaga. II. Título.

25-101485.1 CDU: 342.7

Meri Gleice Rodrigues de Souza - Bibliotecária - CRB-7/6439

Título original em inglês: ON BASIC HUMAN RIGHTS
Esta é uma edição atualizada e estendida de On Basic Human Rights e todo o conteúdo deste livro foi selecionado a partir de diversas palestras ministradas por Osho a um público ao vivo. Todas as palestras de Osho foram publicadas na íntegra em formato de livros e também se encontram disponíveis como gravações originais de áudio. As gravações e o arquivo completo de texto podem ser encontrados on-line na Biblioteca OSHO no site www.osho.com/library.

Direitos exclusivos de publicação em língua portuguesa para o Brasil adquiridos pela
EDITORA BEST SELLER LTDA.
Rua Argentina, 171, parte, São Cristóvão
Rio de Janeiro, RJ — 20921-380
que se reserva a propriedade literária desta tradução.

Impresso no Brasil

ISBN 978-65-5712-517-5

Seja um leitor preferencial Record.
Cadastre-se no site www.record.com.br e receba informações sobre nossos lançamentos e nossas promoções.

Atendimento e venda direta ao leitor:
sac@record.com.br

Sumário

Introdução

Aconteceu de eu estar vivendo hoje numa parte do mundo em que uma maioria significativa de meus vizinhos votou em Donald Trump para a presidência dos Estados Unidos. Muitos deles, motivados por uma série de razões complexas e, até mesmo, em certa medida, compreensíveis. Outros, simplesmente por terem sofrido uma lavagem cerebral e estarem condicionados de uma maneira que os transformou em idiotas. Entre esses dois tipos de eleitores — não todos, de jeito algum — estão aquelas pessoas que seguem ditadores, que os criam e os acompanham como carne e unha, conforme a descrição feita por Osho nas primeiras páginas deste livro.

Algumas dessas pessoas, conscientemente ou não, estão à espera do Apocalipse bíblico, por meio do qual esperam ser "arrebatadas" e levadas ao Paraíso, deixando para trás este mundo de pecados. Ou então, em um sentido mais laico, estão "se preparando" para a versão do Apocalipse na qual hordas de pessoas desesperadas e famintas invadirão suas casas para se apossarem do pouco que lhes resta, assassinando-as se for preciso.

Em um cenário mais amplo, homens brancos, irritados, marcham pelas ruas carregando tochas e fazendo saudações nazistas, incorporando os trajes e a retórica de Hitler e de seu exército de seguidores na Alemanha da década de 1930. Uma incessante e latente "guerra ao terror", iniciada pelos Estados Unidos e seus aliados, aterroriza milhões de seres humanos no Oriente Médio e além dele, pessoas que fogem, temerosas e aflitas, dos únicos lares que já tiveram na vida. A eclosão do nacionalismo, o ressurgimento do tribalismo, pessoas que se sentem ameaçadas e com medo, traçando ao redor de si fronteiras cada vez mais estreitas e impenetráveis.

A cada dia que passa, não conseguimos escapar da sensação de estarmos diante de uma encruzilhada decisiva em nossa evolução como espécie humana no planeta que compartilhamos. Este livro não poderia ser publicado em momento mais adequado.

Diferentemente de muitos "professores espirituais", Osho jamais evitou falar sobre temas ligados à política e aos políticos, ao mundo acadêmico e suas pretensões ou às "massas" e suas crenças e superstições. (E, se você pensa que ele é um "professor", Osho o trará de volta à realidade no capítulo intitulado "Liberdade e amor, o centro e a circunferência".) Ele não é, e nunca foi, o tipo de sujeito fantasioso, daqueles que dizem "apenas pense positivo, e tudo dará certo". Muito longe disso.

Em outras palavras, ele é o tipo de sujeito cujos insights simples e sensatos e clareza de visão sobre a natureza dos seres humanos e, aliás, sobre a própria realidade — tal como ela é, não como nos disseram que deveria ser — são tão necessários na época em que vivemos.

Este livro se inicia com uma crítica incisiva à Declaração Universal dos Direitos Humanos, documento tão alardeado e amplamente citado, aprovado pelos membros da Organização das Nações Unidas. Assinada em 10 de dezembro de 1948, a Declaração foi, na melhor das hipóteses, uma tentativa de estabelecer o que significa ser civilizado, ser humano e ser livre, após os horrores da Segunda Guerra Mundial. Osho apresenta uma perspectiva nova, nada convencional, e até mesmo contrária a esse bem-intencionado documento do século passado. Na sequência, ele nos apresenta sua própria proposta para os Direitos Humanos universais, adequada ao século XXI, e a partir dela podemos conhecer suas opiniões sobre a própria Carta da ONU, considerando tanto as aspirações como os fracassos desta. (Ambos os documentos estão inclusos nos Apêndices, como referência.)

O restante do livro, em "Recomeçando: caminhos para uma revolução da consciência", consiste de trechos que ampliam a dimensão dos insights apresentados no início. Esses capítulos foram selecionados dentre várias das palestras em que Osho responde a perguntas de seus ouvintes — capítulos que servem como uma espécie de manual de sobrevivência para a "resistência" ou como guias para ajudar a nos localizarmos em meio aos caminhos e atalhos que conduzem a esta encruzilhada com que nos deparamos hoje, seja no plano coletivo ou no individual.

Se realmente estamos diante de um desafio urgente de transformarmos a nós mesmos e as nossas relações no planeta que habitamos, em que estágio estamos hoje? De que maneiras precisamos despertar, crescer e nos tornar mais plenamente humanos? E de que ferramentas precisamos para dar início ao trabalho de assumir a responsabilidade de criar uma vida e uma civilização humanas dignas desse nome?

Sarito Carol Neiman

Editora e responsável pela seleção e compilação
de trechos das palestras de Osho

Declaração Universal dos Direitos Humanos: o que ela significa?

Osho,

Não seria melhor se você falasse somente sobre espiritualidade? Por que inclui a política e outros temas em suas falas?

Eu olho para a vida em sua totalidade — chamo essa visão de espiritualidade. A política é um dos temas, assim como a matemática e os direitos humanos.

A espiritualidade não é uma categoria isolada; ela significa a vida em sua totalidade; conhecer e viver a vida como um todo. A política pode existir numa categoria própria, assim como a matemática; a espiritualidade, não, porque ela não pertence a uma categoria específica. É a arte de viver a vida amplamente. Ela está em contato com todos os aspectos da vida. É claro que a política não quer ter contato com a espiritualidade; a ciência e o mundo dos negócios tampouco — pois a espiritualidade transforma tudo com que ela entra em contato. No instante em que a luz da espiritualidade reflete na política, esta não pode continuar sendo o que é; da mesma maneira, a ciência e o mundo dos negócios não podem continuar sendo o que são. Para eles, é uma vantagem não manter contato com a espiritualidade, mas isso não é bom para ela.

Quando a espiritualidade é segregada de si, ela perde a vitalidade, enfraquece. Só pode permanecer saudável quando está inteira.

Isso não significa que ela tenha de se tornar política ou algo do tipo. Ela não tem que se transformar em coisa alguma; a luz de seu reflexo é suficiente. Ela tem apenas que olhar para a política, para o mundo dos negócios e para a ciência. O seu olhar e o seu próprio estado de alerta já são uma revolução.

Estou tentando seguir esse caminho e continuarei tentando. Mas há muitos interesses ocultos, daqueles que temem isso. Essas forças chegam a querer definir os limites da espiritualidade.

Com isso, tudo o que querem é salvar a si mesmas e destruí-la. Uma instituição que depende da exploração das pessoas não quer que a espiritualidade se interesse pela totalidade da vida, pois ela não tolera a exploração — e qualquer espiritualidade que mostre tolerância é impotente. Na verdade, uma espiritualidade amplamente difundida não é, de modo algum, espiritualidade, mas uma espécie de pseudoespiritualidade. Esse tipo de espiritualidade tem servido apenas como um alucinógeno e não desejo ter qualquer envolvimento com esse tipo de coisa.

No que diz respeito à divulgação dela, não tenho interesse em nenhum tipo de propaganda. Na verdade, o homem precisa libertar-se de todos os tipos de propaganda.

A consciência só é capaz de compreender aquilo que se eleva a todos esses tipos de propaganda. A propaganda significa condicionamento, enquanto a espiritualidade significa descondicionamento.

É possível fazer propaganda política, mas não propaganda espiritual. Aqueles que fazem publicidade espiritual não passam de políticos disfarçados.

Não faço propaganda nem pregações. Meu desejo é perturbar o sono das pessoas. Quero sacudi-las e tirá-las de sua inconsciência, de modo que possam ver e pensar por si próprias. Não quero pensar por elas. Isso é o que faz alguém que prega ou que faz propaganda. Eles fazem com que todos adormeçam, pois somente os que estão dormindo poderão confiar neles e transformá-los em líderes e mestres. Uma pessoa desperta encontrará seu próprio caminho. Ela não se torna aluna ou seguidora de ninguém. Somente os inconscientes podem ser alunos ou seguidores. Claro, as pessoas ficam irritadas quando alguém lhes tira do sono, mas isso me dá satisfação — pois este é o início do despertar delas.

Celebrar a Declaração da ONU: um exercício de hipocrisia

Osho,

Parece estranho que as sociedades tradicionais do mundo inteiro, sempre empenhadas, com todos os recursos de que dispõem, em resistir a quaisquer mudanças que possam ameaçar o seu poder, nos peçam para celebrar o "Dia dos Direitos Humanos". O que está acontecendo?

Um dos fundamentos dos quais sempre temos que lembrar é que vivemos numa sociedade hipócrita.

Certa vez, perguntaram a um grande filósofo: "O que você acha da civilização?" Ele respondeu: "Essa é uma boa ideia, mas é preciso que alguém transforme tal ideia em realidade. A civilização ainda não aconteceu. É um sonho para o futuro." Mas as pessoas que estão no poder — político, religioso e social — o ocupam porque a civilização ainda não aconteceu. Num mundo civilizado, um ser humano maduro não precisa de nenhuma nação — todas as fronteiras são falsas —, ele não precisa de nenhuma religião, porque todas essas teologias são simples ficção.

As pessoas que estão há milhares de anos no poder — os padres, os políticos, os super-ricos — detêm todo o poder necessário para impedir a evolução humana. A melhor maneira de impedi-la é convencendo as pessoas: "Vocês já são civilizados. Já são seres humanos. Não precisam passar por nenhuma transformação, isso é desnecessário." E a fragilidade do homem é que, mesmo sabendo perfeitamente que não existe uma coisa chamada "civilização", que não existe uma coisa chamada "sensibilidade humana", ainda assim ele começa a acreditar em todas as mentiras que os políticos vêm dizendo, que os padres têm pregado, que seus professores lhe têm ensinado — pois acreditar parece mais simples. Você não precisa fazer mais nada.

É amedrontador reconhecer o fato de que ainda não somos humanos. O chão sob nossos pés desaparece. A verdade nos deixa totalmente nus — despidos de todas as mentiras, de todas as hipocrisias. É por isso que ninguém quer buscar a verdade. Todos acreditam já a possuírem.

Você consegue ver a estratégia psicológica? Se você não quiser dar algo a uma pessoa, convença-a, hipnotize-a e repita diversas vezes: "Você já tem isso." E, quando milhares de pessoas ao seu redor — seus pais, professores, padres, líderes — já têm essa crença, parece quase impossível que recém-chegados ao mundo, as crianças pequenas, não sejam convencidos sobre tal ideia criada há milhares de anos. Milhões de pessoas viveram e morreram acreditando que a civilização já tinha acontecido.

Portanto, a primeira coisa que eu quero que você entenda é que nós ainda somos bárbaros. Somente bárbaros são capazes de fazer as coisas que temos feito há milhares de anos. Seres humanos, não. Em três mil anos, cinco mil guerras... e você chama o homem de civilizado? No século XX, no meio do século XX, você é capaz de criar um Josef Stalin, um Benito Mussolini, um Mao Tsé-Tung. E ainda assim você acredita que o homem seja civilizado?

Adolf Hitler, apenas ele, assassinou seis milhões de seres humanos, e os assassinou com grande sofisticação. Ciência e tecnologia foram usadas; um milhão de judeus foram aniquilados em câmaras de gás; em segundos, milhares de pessoas se transformam em nada além de fumaça escapando pelas chaminés. Ele assassinou tantas pessoas que foi impossível dar a cada uma delas um túmulo convencional. O ser humano nunca foi tão pobre — até mesmo mendigos têm sepulturas, mas Hitler matou tanta gente que, para providenciar sepulturas para todas elas... a Alemanha inteira teria de se transformar em um cemitério. Então, ele mandou cavar valas profundas, e as pessoas simplesmente eram jogadas nas valas e cobertas com lama. Antes de atirar aqueles corpos nas valas, ele destruiu até mesmo a dignidade daquelas pessoas mortas. Elas foram despidas; tiveram a cabeça raspada, junto com barba e bigode, de modo que fosse impossível reconhecer o rosto de alguém. A cabeça foi arrancada, de modo que em um lugar você encontraria cabeças, em outro lugar, as mãos, e em outro ainda as pernas e os demais membros dos corpos. E milhares de pessoas... era impossível identificar quem se buscava.

E por que ele fez isso? Para que ninguém pudesse ser reconhecido. Mesmo que o cadáver de uma pessoa fosse encontrado, ela não poderia ser reconhecida; já não tinha sequer um corpo inteiro. E você me diz que o homem é civilizado?

E essa história não termina aqui. Ao observar a Segunda Guerra Mundial, seria possível pensar que, com apenas um pouquinho de inteligência, a Segunda Guerra seria a última guerra mundial — ao observar o que o próprio homem tem feito ao homem. Mas não: estamos nos preparando para a Terceira Guerra Mundial — a última.

Perguntaram a Albert Einstein: "Você pode nos contar algum detalhe sobre a Terceira Guerra Mundial?" E Einstein respondeu: "Desculpe, não posso dizer nada sobre a Terceira Guerra Mundial, mas posso dizer algo sobre a Quarta." O entrevistador não acreditava no que estava ouvindo. E perguntou: "Você não pode dizer nada sobre a Terceira — que será muito complicada —, mas está disposto a dizer algo sobre a Quarta, que será ainda mais complicada?"

Albert Einstein respondeu: "Você não compreende. Posso dizer algo definitivo e categórico sobre a Quarta Guerra: a Quarta Guerra jamais vai acontecer, pois a Terceira destruirá toda a vida — não apenas seres humanos, mas rosas também. E tudo o que é vivo desaparecerá da Terra."

E você me diz que a humanidade se tornou civilizada? Não, você foi enganado, e esta Declaração Universal de Direitos Humanos, feita pelas Nações Unidas, não passa de hipocrisia.

George Gurdjieff costumava contar uma anedota sobre a humanidade. Nessa história, havia um mágico que vivia isolado entre montanhas e florestas e tinha milhares de ovelhas. O problema era que as ovelhas tinham medo do mágico, porque todos os dias reparavam que uma delas era sacrificada para o café da manhã do homem, e uma segunda para seu almoço. Então, elas saíam correndo para escapar do mágico, e era muito difícil encontrá-las no meio daquela imensa floresta. Como ele era um mágico, recorreu a suas habilidades e hipnotizou todas as ovelhas, lhes dizendo coisas diferentes... A algumas dizia: "Você é um homem, não precisa ter medo. Somente as ovelhas é que serão mortas e comidas, você não. Você é um homem igual a mim." A outras ovelhas, ele dizia: "Você é um leão. Só ovelhas sentem medo. Elas fogem, são covardes. Você é um leão; você preferiria morrer a sair correndo. Você não pertence a esse grupo de ovelhas. Portanto, quando elas forem mortas, isso não é problema seu. O destino delas era a morte, mas você é o mais amado dentre meus amigos desta floresta."

Assim, ele contava uma história diferente a cada grupo de ovelhas. Depois do segundo dia, elas pararam de fugir. Ainda percebiam que outras ovelhas eram assassinadas, abatidas, mas aquilo não as preocupava. A uma delas o homem dizia que ela era um leão, a uma outra, que era um tigre, a outra, que era um homem... Nenhuma delas era uma ovelha, com exceção daquela que estava sendo morta. Desse modo, sem a necessidade de contratar empregados, o mágico conseguia cuidar de milhares de ovelhas. Elas entravam na floresta em busca de comida, de água, e voltavam para casa, acreditando sempre em algo que lhes era dito: "Somente algumas ovelhas vão ser mortas, você não. Você não pertence a esse bando. Você é um leão — respeitado, honrado, e amigo do grande mágico." Desse modo, o mágico resolvia seus problemas.

Estou lhe contando essa história pois ela conta a verdade literal sobre você. As pessoas lhe dizem coisas e você as aceita, sem mesmo olhar ao redor, para saber se essas coisas coincidem ou não com a realidade.

A primeira coisa...

A primeira objeção que faço à Declaração de Direitos Humanos da ONU é que os direitos só podem existir quando há deveres. Os deveres são raízes, os direitos são as flores; não se pode ter direitos sem deveres. Eles reservam um dia do ano para celebrar os direitos humanos... mas não reservam um dia para os deveres humanos, que vêm antes.

Por que não falam a você sobre os deveres humanos? Porque não querem lhe dar os direitos! Sem os deveres, pode-se somente falar sobre os direitos, mas você não os terá em mãos. Quanto aos deveres, os políticos que fizeram essa Declaração não têm a menor noção do que eles sejam. Vou lhe dar alguns exemplos.

Eles dizem que todos os seres humanos são iguais. E é claro que isso satisfaz o ego de todos os seres humanos — ninguém se opõe a isso. Essa é uma das mentiras mais perigosas que se pode dizer a um ser humano. Eu lhe garanto: a igualdade é um mito. Não existem nem sequer dois seres humanos que sejam iguais, não importa de que modo, ou em que dimensão.

Não quero dizer, com isso, que eles sejam desiguais — mas que são únicos, incomparáveis, portanto, a questão de igualdade ou desigualdade não vem ao caso. Você é igual aos pilares deste salão? Os pilares podem ser lindos, mas você não é igual a eles. Mas isso significa que você é inferior? Não, apenas que você não é um pilar — pilares são pilares, você é você.

Cada ser humano é de uma categoria própria. E, a menos que possamos reconhecer a singularidade de cada indivíduo, não haverá direitos humanos, e não haverá um mundo civilizado — humano, amoroso, festivo.

Na Declaração, eles enfatizam, repetidas vezes, o fato de que você deve amar todos os seres humanos; que vocês são todos irmãos. Mas alguma vez você já viu irmãos romanticamente apaixonados um pelo outro? A maneira como irmãos brigam entre si... ninguém briga como eles! E o simples fato de dizer "Vocês são irmãos" não faz com que isso se torne realidade.

As pessoas que escreveram esta Declaração de Direitos Humanos — que autoridade elas têm? Quem são elas? Políticos! E políticos são a causa de todas as guerras, de todos os tipos de violência que ocorrem no mundo. Essas são as pessoas que têm mantido quase metade da humanidade, as mulheres, sob um estado de escravidão. Mas, observando essa Declaração, eu realmente me diverti... pois ela não trata de irmãs, somente de irmãos. As irmãs não contam, mesmo sendo metade da humanidade. Elas nem sequer são mencionadas.

Esses políticos são pessoas articuladas, habilidosas e ardilosas, e a maioria tem a advocacia como profissão de origem. Eles estão dizendo que não deve haver discriminação entre homens e mulheres, entre negros e brancos, tampouco entre etnias, religiões, ideologias políticas. E quem está praticando a discriminação? São as mesmas pessoas que elaboraram a Declaração! Eles têm escravizado a mulher há séculos e, no entanto, ainda não estão dispostos a lhe dar liberdade — o que, segundo a Declaração deles, é um direito humano essencial. E os negros vêm sendo tratados como animais.

No fim do século XIX, pessoas negras ainda eram vendidas, leiloadas em mercados como se fossem *commodities*. E ainda hoje não são respeitadas da mesma forma que as pessoas brancas. Mas todos esses políticos são brancos. Eles têm mantido a humanidade inteira em estado de escravidão há trezentos anos.

Todos eles tiveram seus impérios. A Inglaterra teve o maior de todos; diziam que o sol nunca se punha no Império Britânico. Em algum lugar do planeta, o sol estaria sempre brilhando (devido à extensão do Império Britânico no mundo). E as demais pessoas brancas não ficavam muito atrás: os franceses, os portugueses, os espanhóis — todos eles tinham imensos impérios e exploravam a Terra inteira. Eles foram os parasitas, e é hilário pensar que tais parasitas estejam agora declarando direitos humanos.

Isso é uma enganação. Eles não falam sério; estão dizendo isso da boca para fora. Isso é apenas para lhe dar a impressão de que você é igual a todas as pessoas, que todos vocês são irmãos, que você tem acesso a direitos humanos. Mas eu sei que todos esses direitos não passam de hipocrisia. Sei disso pela minha própria experiência.

De acordo com um dos direitos listados nessa Declaração, ninguém pode ser preso sem um mandado judicial. Eu fui preso exatamente dessa maneira nos Estados Unidos — sem mandado, sem nenhum mandado judicial ou de busca. Não fui informado sequer verbalmente sobre o crime que havia cometido. E, quando perguntei a eles "Que crime eu cometi? Pelo menos isso, preciso saber", me responderam por meio de homens que portavam armas carregadas — 12 armas carregadas cercando o jato onde eu estava. Quando se responde a alguém com armas, você pode ter certeza de que se está longe da civilização.

Não havia nenhum mandado judicial. Mas eles foram espertos: deliberadamente, me prenderam em um momento em que eu teria de ficar na prisão por, no mínimo, dois dias. O tribunal só reabriria na segunda-feira, somente nesse dia eu poderia ser libertado sob fiança. Eles mesmos tinham certeza de que eu seria libertado, pois não havia motivos para me manter preso; não tinham nenhuma prova contra mim. Escolheram uma circunstância específica em que o tribunal estaria fechado durante dois dias, de modo que eles tivessem, no mínimo, a satisfação de me torturar por dois dias. No terceiro dia, não me surpreendi quando o tribunal se recusou a me libertar. A juíza do tribunal nem sequer permitiu que meus advogados questionassem o fato de eu ter sido preso sem um mandado judicial. Em um país que alega ser o mais democrático do mundo, o tribunal não estava disposto sequer a debater a questão, pois isso iria expô-los. Libertar-me estava fora de questão. Para começar, fui preso sem mandado judicial; e, mesmo depois de três dias, eles ainda não tinham o mandado — a questão sobre me libertar ou não nem deveria ser debatida, mas continuei preso.

No segundo tribunal, uma corte federal de instância mais elevada, a pergunta "E quanto à minha prisão?" — que era a pergunta básica — também não foi debatida. Todo o restante é secundário. Primeiro, você prende uma pessoa sem lhe explicar o porquê de estar fazendo isso... E, nos direitos humanos dessa Declaração, esses mesmos políticos norte-americanos dizem que ninguém pode ser preso sem um mandado judicial; esse é um "direito humano essencial". Se eu não tivesse sido preso, não saberia disso.

Eles dizem que ninguém pode interferir na filosofia, na religião e na política de outra pessoa — isso é um direito de nascença de cada indivíduo. Mas a minha comuna nos Estados Unidos foi destruída devido ao cristianismo... Por eu não ser um homem branco, pelo fato de minha comuna ser universal... nela havia pessoas negras, havia pessoas de todas as partes do mundo. Era o único lugar em que não havia nenhum tipo de discriminação. Eles destruíram uma comuna que atendia aos direitos humanos em todas as dimensões.

Na superfície, o homem se tornou civilizado, mas bem no fundo, nas partes mais sombrias de sua inconsciência, ele ainda é bárbaro.

A introdução dessa Declaração afirma: "Estamos determinados a eliminar todas as formas de intolerância e discriminação baseadas em religião ou em crenças." E isso não é verdade em nenhum país. As religiões estão em conflito constante, e, se um governo é formado por religiosos fanáticos, a minoria política será esmagada e destruída de todas as maneiras possíveis.

É bom que haja o desejo, mas as pessoas que desejam isso estão todas equivocadas.

A União Soviética estava ausente na convenção em que as Nações Unidas declararam tais direitos fundamentais, além de outros oito países comunistas. Os Estados Unidos estavam presentes. A Declaração foi aprovada por unanimidade — todos a favor, ninguém contra. Menciono isso porque a elaboração dessa Declaração foi basicamente uma iniciativa norte-americana. E os Estados Unidos são o primeiro país a ir de encontro a todos os direitos humanos.

Os Estados Unidos deram 200 milhões de dólares aos terroristas na Nicarágua, um pequeno país que havia se tornado comunista, assim como Cuba. Para destruir esse país, os Estados Unidos o inundaram com milhões de dólares para os terroristas, apoiando-os com armamentos e tudo o mais. E a Declaração afirma que todos os países são soberanos e que nenhum país deve interferir na vida e na religião de outro. O modo como eles querem viver, em que querem ou não acreditar, isso é problema deles. Não é da conta de mais ninguém. Se, em alguns países pequenos, as pessoas aceitaram o comunismo como estilo de vida e como estrutura social, que direitos têm os Estados Unidos em relação a isso?

A Nicarágua apelou à Corte Internacional de Justiça; e a Corte está repleta de juízes norte-americanos. Mesmo assim, esse tribunal disse aos Estados Unidos: "O que vocês fizeram está violando os termos da Declaração de Direitos Humanos, é um crime." Ronald Reagan simplesmente ignorou essa decisão. Ele disse: "Não nos importamos com esta Corte ou com suas decisões."

Ora, essas são as pessoas que elaboraram a Declaração — elas criaram a Corte Internacional de Justiça para decidir sobre situações de conflito, e são as mesmas pessoas que não estão dispostas a ouvir.

Você percebe a política por trás disso? A Corte Internacional de Justiça, a Declaração — tudo isso serve para ocultar coisas, é uma fachada. Se um pequeno país estivesse fazendo o que os EUA fizeram, então a Corte seria ouvida e os EUA teriam tomado uma atitude em favor da Corte a fim de destruir esse país pelo fato de ele estar envolvido em prática criminosa. Ora, como são os próprios Estados Unidos que estão cometendo o crime, eles podem simplesmente dizer: "Não nos importamos com essa Corte."

E o que a Corte Internacional pode fazer? Ela não tem exércitos, não tem nenhum poder. Ela detém o poder que lhe foi dado pelos políticos, mas, se tais políticos violam a lei que eles mesmos criaram, o que a Corte pode fazer? E a ONU se mantém em silêncio! A Corte deles foi insultada; se as pessoas da ONU tiverem o mínimo de dignidade, dissolverão a ONU e dissolverão a Corte Internacional — caso contrário, qual é o sentido dela? Hoje são os EUA que estão fazendo isso, amanhã serão outros países. E a União Soviética agiu muito melhor e corretamente, pois ela jamais teve participação nessa Declaração. Não faziam parte da Declaração; nenhum país comunista participou dela. Portanto, pelo menos eles mostraram, desde o início, que tudo isso é falso: "A quem vocês estão tentando enganar?"

Em certa medida, todos esses direitos são pouco racionais. Por exemplo, nessa longa Declaração não há qualquer menção ao direito de deixar este mundo quando a pessoa já viveu o suficiente e seu corpo já está debilitado, doente, velho, um fardo inútil. A pessoa está sofrendo sem necessidade e à espera da morte. Por que esperar? Por que submetê-la a uma tortura desnecessária? A sociedade é responsável por milhares de pessoas vivendo em sofrimento em hospitais ou asilos. Não há nenhuma possibilidade de elas terem novamente uma vida saudável, criativa ou funcional, mas podem seguir vivendo em estado vegetativo. A medicina está suficientemente avançada para mantê-las em hospitais por anos. Ventilação mecânica... o homem talvez já esteja morto, mas por causa da ventilação mecânica, há uma ilusão.

Essa longa lista não inclui um dos direitos humanos mais importantes, o direito de ir embora do mundo. Poder devolver o bilhete de viagem e dizer: "Eu quero voltar para casa — quem é você para me impedir, ou impedir quem quer que seja?" Mas esse direito... que hoje é muito significativo, pois, nos países desenvolvidos, a expectativa média de vida aumentou muito. Cada vez mais pessoas estarão numa situação em que seus filhos e filhas já são velhos, com 80, 90 anos; a família já está na quarta, quinta ou sexta geração. E não há como essa quinta ou sexta geração ter qualquer vínculo com uma pessoa de 120 anos que está simplesmente vegetando em um hospital. Não há nenhum relacionamento entre esses recém-chegados e ela, nenhum respeito. Ora, os meses vão passando e essas pessoas ficam em seus leitos, nos hospitais, à espera de alguém — um amigo, uma criança, um velho conhecido — que venha visitá-las. E ninguém aparece. Todos as evitam. São naturalmente pessoas chatas. É quase como se você estivesse lendo um jornal de cinquenta anos atrás. Elas não trazem nada de novo; o conteúdo inteiro tem cinquenta, sessenta anos. Se você for visitá-las, elas falarão daquela época dourada em que eram jovens e a vida era uma aventura. Não há como ter qualquer relacionamento com elas, e você simplesmente fica entediado. O mundo todo mudou nesses cinquenta anos, e aquelas pessoas nem mesmo se deram conta do que mudou. Mas o direito à eutanásia, uma morte provocada para evitar sofrimento, não está nessa Declaração.

Os políticos são muito, muito ardilosos. Como não querem criar polêmicas, só dizem coisas que lhe agradam ou que agradarão a todos. Não estão preocupados com a situação real e com as mudanças que ela exige. Todo o empenho deles está em como fazer as pessoas se contentarem com palavras falsas.

Nenhum desses direitos essenciais está sendo respeitado em lugar nenhum do mundo.

Passo a analisar alguns desses direitos importantes:

Enquanto o desrespeito e o desprezo aos direitos humanos resultaram em atos bárbaros que causaram indignação à consciência da humanidade...

Aqui há duas implicações. A primeira é que as pessoas que elaboraram essa Declaração pressupõem que a humanidade já é civilizada; é por isso que, uma vez ou outra, quando acontece algum ato bárbaro, estes seres humanos, a totalidade da humanidade, sofre em sua consciência, sente dor e aflição.

Tudo isso é mentira, pois a meu ver a humanidade não tem uma consciência. Quando um muçulmano assassina um hindu, nenhum muçulmano considera que ele agiu de forma errada — a questão de consciência não vem à tona. Na verdade, de acordo com a religião dele, ele praticou um ato virtuoso. Ele estava tentando converter um hindu para o Islã, porque, se você não for muçulmano, não poderá entrar no paraíso. Estava tentando ajudá-lo de todas as maneiras possíveis a entrar no paraíso, até mesmo de modo clandestino, seja isso certo ou errado; pela porta da frente ou pela dos fundos, pouco importa. Mas você resiste, não quer ir para o paraíso, está determinado a ir para o inferno — é por isso que ele o degola para impedir. É melhor ser assassinado pelas mãos de um muçulmano religioso. O Alcorão diz que o homem assassinado pelos muçulmanos entrará no paraíso, assim como os muçulmanos que o mataram entrarão. Então, eles estão realmente tentando impedir as pessoas de irem para o inferno — por que deveriam sentir algum peso na consciência?

Hindu nenhum sente tal peso, cristão nenhum sente isso. Os cristãos assassinaram mais pessoas do que qualquer outro grupo religioso, e eles inclusive queimaram pessoas vivas. Outros têm assassinado pessoas, queimando-as na sequência. O cristianismo pega um atalho, por que fazer isso em duas etapas? Se o livro pode ser publicado num único tomo, por que fazer dois volumes? Primeiro, matar e só depois queimá-lo? — queime logo de uma vez! Milhares de pessoas foram queimadas vivas. E não vejo ninguém indignado com isso em lugar algum.

Se as pessoas ficassem indignadas, as coisas mudariam — porque, afinal, quem está fazendo isso tudo? Nós mesmos. Essa frase no início da Declaração é uma tremenda mentira. Em primeiro lugar, ela menciona "atos bárbaros" — na verdade, nas últimas décadas praticamos mais atos bárbaros do que em toda a história da humanidade. Em dez mil anos, não conseguimos praticar mais atos bárbaros do que nos últimos cinquenta, sessenta anos. Estamos ficando cada vez mais bárbaros — claro que com estilo e método.

Hiroshima e Nagasaki — o que você acha disso? Esses são atos bárbaros ou um esforço para enviar as lindas pessoas de Nagasaki e Hiroshima para o paraíso? Cidades inteiras, mais de 200 mil pessoas entraram no céu em menos de cinco minutos — acho que nunca houve tamanha multidão às portas do paraíso! E os Estados Unidos é que foram responsáveis por Hiroshima e Nagasaki. Já tivemos a absoluta confirmação das pessoas que entendem de ciência militar de que o lançamento de bombas nucleares sobre as cidades foi absolutamente inútil. O Japão já havia se rendido, a Alemanha já havia se rendido, e àquela altura o Japão não tinha a menor possibilidade de continuar lutando; aquilo duraria menos que uma semana, talvez nem isso. Sabendo que a Alemanha tinha sido derrotada, o Japão não era capaz de lutar sozinho, já que é um país pequeno, com uma população corajosa e valente, mas ainda assim um país muito pequeno. Estava lutando com o apoio da Alemanha e, quando seu principal aliado se rendeu, o Japão iria se render.

E este era o medo do presidente Truman, dos Estados Unidos: talvez o Japão se rendesse no dia seguinte; nesse caso, ele perderia a oportunidade de lançar as bombas atômicas. Ele havia investido tanto dinheiro, energia e uma inteligência excepcional na criação das bombas atômicas que queria experimentá-las. O ser humano não tem importância, o dinheiro, sim — as bombas tinham de ser testadas. E você me diz que, por causa de atos bárbaros, as pessoas civilizadas sentem dor na consciência? O presidente Truman era um homem civilizado ou não? Até mesmo seus próprios assessores, os peritos em assuntos militares, lhe disseram que aquilo era absolutamente inútil, era desnecessário destruir vidas humanas. Mas ele seguiu em frente.

Na manhã seguinte, centenas de jornalistas se reuniram na Casa Branca para entrevistar o presidente Truman, pois a maior catástrofe já criada pelo homem acabara de ocorrer. A primeira pergunta deles foi: "Senhor presidente, o senhor dormiu bem esta noite?" Ele tinha ido para a cama somente após ter recebido a mensagem "Hiroshima e Nagasaki viraram fumaça, elas saíram do mapa". Só então foi dormir. Caso contrário, teria esperado até que recebesse a notícia. Ele respondeu:

— Sim, nunca dormi tão tranquilamente como naquela noite; nosso experimento foi um sucesso. Nós somos hoje a maior potência mundial.

E você vem me falar de consciência? Mais de 200 mil pessoas mortas em três minutos e o homem que mandou matá-las "nunca dormiu tão tranquilamente como naquela noite". E, se essa é a situação do presidente "True-Man"*, o que dizer então das pessoas que não são tão verdadeiras?

A meu ver, a civilização ainda é um sonho, uma esperança, uma utopia. Se não cairmos no truque de acreditar que somos pessoas civilizadas, essa esperança pode se tornar realidade, o sonho pode se tornar uma experiência concreta.

E a consciência só surge após a meditação, nunca antes dela. Você não nasce com uma consciência. Observe as crianças pequenas: quando elas veem uma formiga, querem matá-la. Você acha que as crianças pequenas têm alguma consciência? Você acha que a criança pequena é criminosa, assassina? Não, nada disso. Movida pela curiosidade, ela está simplesmente explorando sua realidade. Ela penetrou um mundo novo e o está explorando. Mas a consciência não está envolvida aqui. Ela não sente que, depois de bater num cachorro sem qualquer motivo, o cachorro também sentirá dor. As crianças não têm nenhuma consciência; elas têm apenas sementes.

---

* Trocadilho com a palavra "*true*", que significa "verdadeiro, real". *[N. do T.]*

Todos esses políticos estão tentando convencer a humanidade: "Vocês já têm uma consciência." Você não tem. Você terá de cultivá-la, terá de trabalhar em si mesmo. Você terá de aprender como estar em silêncio e ouvir a sua pequena e tranquila voz interior. Não acho que nenhum dos políticos que elaboraram essa Declaração já tiveram alguma experiência com a consciência. Ela só chega depois de uma longuíssima peregrinação interior. Você não recebe tudo quando nasce, mas o que é necessário para a sobrevivência. Todo o restante lhe é dado apenas como uma semente.

Se você tiver a firme intenção de fazer com que sua consciência se eleve até o pico mais alto, trata-se de uma decisão sua. A natureza lhe dá somente o necessário para a sobrevivência — não lhe dá nem a vida, nem a alegria, nem o silêncio, nem o êxtase, nem o amor. A natureza é capaz de se satisfazer apenas com a luxúria — para que ela precisa do amor? Por que criar complicações? Você terá de encontrar o amor, terá de cultivar a consciência. Você terá de se transformar no jardineiro de seu próprio ser — o seu ser é o seu jardim.

O seu ser é o Jardim do Éden a que a Bíblia se refere. Esse Jardim do Éden não fica em algum outro lugar, em alguma outra estrela; ele está dentro de você. Você foi expulso dele e tem dado voltas e mais voltas ao redor dele, mas nunca volta a entrar. No instante em que você entra, está de volta ao Jardim do Éden. Só que há milhares de anos ninguém tem cuidado desse jardim. Você nunca mais voltou a entrar nele. Tudo se transformou em semente; agora nada mais floresce, nenhuma folhagem, nenhuma vegetação. Mas você pode trazê-los de volta à vida, pois está tudo ali, em potencial.

Tais pessoas não compreendem o que é a consciência. Elas só aprenderam palavras.

Ouvi a seguinte história.

Um psicólogo chegou para a defesa de sua tese de doutorado. Na banca, havia três examinadores. A primeira pergunta que lhe fizeram foi: "Quais são as características mais importantes do leite materno?"

O psicólogo ficou meio intrigado: "O que a psicologia tem a ver com o leite materno? Não vim aqui para mostrar que sou especialista em laticínios ou coisa do gênero. Mas... fazer o quê, preciso responder." Então ele disse:

— Em primeiro lugar, esse leite contém todos os nutrientes para o crescimento da criança, é um alimento perfeito. Em segundo lugar, ele tem origem no corpo da mãe, então é quente e de fácil digestão; e, por se originar no corpo da mãe, não transmite nenhuma infecção, nenhuma doença que possa vir do meio externo. A criança fica protegida.

— Ótimo! E a terceira característica?

Houve um instante de silêncio, pois ele não era capaz de imaginar qual seria a terceira. Ele já tinha inventado as duas primeiras. Tinha a terceira resposta na ponta da língua, mas as palavras não lhe ocorriam. Não conseguiu pensar em mais nada e agora tinha de responder. Ele disse:

— A terceira característica é que o leite é servido em dois recipientes macios e aconchegantes!

Ora, esses idiotas é que vão se tornar psicólogos! "Dois recipientes macios e aconchegantes", foi isso que lhe veio à mente.

Olhando para a Declaração, a primeira sensação que tenho é que essas pessoas são muito bem articuladas, conseguem brincar com as palavras. Elas são capazes de usar belas palavras que o influenciam e o enganam — e escondem a realidade.

Artigo 1: Todos os seres humanos nascem livres.

Isso é um completo absurdo. Se todos os seres humanos nascem livres, tente deixar uma criança em liberdade: ela morrerá em 24 horas! O filhote do homem é o mais indefeso de todo o mundo. Que liberdade ele pode ter? Não consegue andar, não consegue falar, não consegue voar. Na verdade, um cientista teve o insight — e eu simpatizo com esta ideia — de que o rebento humano nasce mais cedo do que deveria. Ele precisa de mais nove meses dentro do útero da mãe, pois ele não está completo, ainda está crescendo. Olhe para as crias dos animais: a maioria delas nasce e imediatamente começa a andar por aí, em busca de comida. Elas são mais independentes, são mais completas. Para o rebento humano, é impossível sobreviver sem o apoio da mãe, do pai, da família ou de outros seres humanos. Que liberdade ele pode ter? É isso que chamo de "a parte mais ardilosa da mente do político": ele transmite a ideia de que você não precisa de liberdade. "Não peça liberdade. Você já nasce livre; todos os seres humanos nascem livres."

Todo ser humano nasce completamente indefeso e dependente. Pode levar anos até que ele seja livre. Além disso, milhões de pessoas nunca se libertam. Essa Declaração diz que elas nascem livres — eu digo que milhões de pessoas morrem, e, mesmo no momento da morte, elas ainda não são livres! E você sabe disso tendo como base a sua própria vida: você não é livre.

O marido está por perto, a esposa não é livre. A esposa está por perto, o marido não é livre. Tenho visto maridos e esposas caminhando pelas ruas — o marido não tem liberdade sequer para olhar para os lados! Ele caminha olhando sempre pra frente, como um monge budista, olhando no máximo até uma distância de 1 metro adiante. Enquanto isso, a esposa o olha de canto de olho, para saber onde ele está. Que tipo de liberdade é essa? No momento em que o marido chega em casa, a primeira pergunta que ouve dela é: "Onde você estava? Por que você chegou tarde?" E você se acha um homem livre.

Em meus tempos de escola, eu costumava chegar atrasado. A vida lá fora era tão linda, e em volta da escola havia tantas mangueiras... Quando chega a estação das mangas, só de passar ao lado das mangueiras... era tal a fragrância, um tal perfume no ar; a manga é certamente a rainha das frutas. Havia outras árvores frutíferas, e eu passava mais tempo nos galhos do que na sala de aula. No primeiro dia de aula no ensino médio, cheguei meia hora atrasado. O professor disse:

— Isso não é admissível. Eu pelo menos não vou admitir isso. Se você está matriculado no meu curso, vai ter de estar aqui antes de eu chegar à sala, cinco minutos antes. Por que se atrasou?

Eu respondi:

— Escute bem, por causa dessa sua pergunta eu nunca vou me casar.

— Como assim? — perguntou ele. — O que o casamento tem a ver com isso?

— Vou lhe explicar: tenho ouvido essa frase em toda parte em minha vizinhança. Todas as esposas perguntam: "Onde você estava? Por que você chegou tarde?" Resolvi, então, que não quero responder a esse tipo de pergunta. Por isso, estou sacrificando minha vida inteira, ou seja, não vou me casar por causa dessa pergunta, e você acha que vou respondê-la a você? Prefiro mudar de assunto. Até logo!

— Que menino estranho... — disse ele à turma. — Ele traz coisas irrelevantes para nossa discussão. — Casamento? O que isso tem a ver com Geografia, minha disciplina?

Mas ele passou a se interessar por mim. Terminadas as aulas, veio até mim e disse:

— Agora podemos conversar. Quero entender qual é o seu problema.

Eu respondi:

— Ninguém tem o direito de me questionar por que cheguei tarde e onde estive. A vida é minha; se eu quiser estragá-la, tenho esse direito. Você é só um funcionário contratado para ensinar Geografia. Não está aqui para fazer esse tipo de perguntas, para criar dependência em mim. Eu odeio essas perguntas. Posso abandonar a escola; posso esquecer completamente a ideia de receber uma educação formal, não tenho necessidade disso. Pois, se Jesus, sem qualquer instrução, pôde ter uma experiência de si mesmo... se Kabir, sem qualquer instrução, pôde conhecer o essencial... Não tenho interesse em nenhuma atividade profissional, em prestar nenhum tipo de serviço, em nenhum emprego... então, se você quiser que eu continue frequentando o seu curso, vai ter de ser um pouco mais humano, sem interferir o tempo todo em minha liberdade.

O Artigo 1 diz: "Todos os seres humanos nascem livres." Essas são estratégias para hipnotizar e condicionar a humanidade. Eles lhe apresentaram a ideia de que você nasceu livre. Então, não há mais a necessidade de lutar pela liberdade, não há necessidade de criar uma revolução interior que realmente o torne livre — livre de tudo, livre do corpo, pois o corpo é um cativeiro. O Oriente é muito mais verdadeiro. Lá, se diz que você nasce num cativeiro, e não que você nasce livre. O seu corpo é uma prisão, sua mente e seu cérebro são prisões. A sua consciência está confinada num espaço muito pequeno, e ela pode se expandir por todo o universo. Como você não conhece o próprio potencial, acha que ele se limita ao que você é.

A meu ver, essas pessoas são criminosos mais perigosos do que aqueles que foram condenados à forca, pois estão iludindo toda a humanidade. Mas essa enganação é muito ardilosa: "Vocês nascem livres." Naturalmente, não se questiona tal liberdade — ela não é algo a ser criado, a ser merecido, a ser conquistado, algo do qual alguém seja digno —, você já é livre!

George Gurdjieff é o único homem em toda a História que disse esta frase de tremendo significado: "Você não tem nenhuma alma." Ora, no planeta inteiro, todas as religiões acreditam que temos alma, que viemos ao mundo com uma. A voz de George Gurdjieff está isolada em toda a História, dizendo que nem todos os homens têm uma alma; o lugar da alma está vazio. Existe uma possibilidade — você pode trabalhar, pode criar a alma, mas não nasce com ela.

Eu sei, e Gurdjieff também sabe, que você nasce com uma alma, mas essa ideia não tem sido útil. Ela tem tornado as pessoas ainda mais adormecidas: "Nascemos com uma alma, Deus está dentro de você, o Reino de Deus está dentro de você, então, o que você precisa fazer?" Para ter as coisas que estão fora de você, trabalhe duro para conquistá-las — dinheiro, poder, respeitabilidade —, pois ninguém diz "Toda criança nasce com dinheiro, toda criança já nasce com poder político, toda criança já nasce sendo respeitada". Ninguém dirá isso. Essas coisas precisam ser conquistadas.

A liberdade, a consciência, Deus — seja qual for o nome que você der a isso — tem de ser descoberto. Isso está escondido, em estado latente. Tem de ser transformado em algo dinâmico, plenamente amadurecido. Deve ser levado a florescer e frutificar. Mas dizer às pessoas "Vocês nascem livres, e são iguais em dignidade e em direitos"... As pessoas podem continuar mentindo de um modo tão sereno, com palavras tão belas... e destruindo essas ideias.

Ninguém é igual a ninguém. Essa é uma verdade psicológica.

Seja em relação ao corpo, à mente ou aos talentos de uma pessoa, nem mesmo entre os seus gênios — não há duas pessoas iguais. Um Sigmund Freud é um Sigmund Freud, um Bertrand Russell é um Bertrand Russell, um D. H. Lawrence é um D. H. Lawrence. Nunca mais haverá outro D. H. Lawrence. Cada indivíduo é único.

Essa ideia de igualdade é muito feia, mas ela se tornou praticamente a religião da humanidade contemporânea. "Igualdade" — eu lhe digo, essa é a ideia mais destrutiva que já penetrou na mente humana. Você precisa ser lembrado sobre a sua singularidade.

Todos os seres humanos são dotados de razão e consciência e devem agir em relação uns aos outros com espírito de fraternidade.

Nenhum desses pressupostos tem qualquer validade. Nem todos os seres humanos nascem com racionalidade, nem todos são dotados disso. Por exemplo, há pessoas, muito poucas... acabei de mencionar Bertrand Russell; pode-se dizer que ele é dotado de racionalidade. J. Krishnamurti também. Mas as pessoas comuns vivem com todo o tipo de superstição. A menos que você abandone todas as suas, não se pode dizer que seja alguém racional.

Todos os cristãos — e, do conjunto de pessoas que redigiram essa Declaração, noventa por cento são cristãos — acreditam que Jesus nasceu de uma mãe virgem. E esses são seres racionais? Ele foi crucificado e ressuscitou também. Ele traz os mortos de volta à vida — e esses são os princípios nos quais a fé de um cristão está baseada. Elimine algumas dessas coisas — é muito estranho — e você verá que o cristianismo é a religião mais irreligiosa, a mais pobre no que diz respeito à religiosidade. O nascimento de uma mãe virgem... elimine isso, se você for racional. A ressurreição... elimine isso, se você for racional. A caminhada sobre as águas... elimine isso. Trazer os mortos de volta à vida... elimine isso. A transformação de água em vinho... não apenas elimine essa ideia, como encontre o sujeito e entregue-o à polícia, pois trata-se de um crime, não de um milagre! Mas, se todas essas coisas forem eliminadas, o que restará dessa religião? Essa é a pobreza do cristianismo.

No budismo, não há como eliminar coisa alguma, pois nada se baseia em superstições. O próprio Buda eliminou tudo o que cheirasse a superstição — isso é pura racionalidade.

Mas dizer que o homem é "dotado de razão" desde o nascimento... não parece ser assim. Olhando para o mundo, não parece que este seja um mundo racional. Não temos vivido de acordo com a razão, temos vivido de acordo com todo o tipo de coisas irracionais. Mas pode-se acreditar nisso, que você "é dotado de razão", pois essas são palavras agradáveis. Quanto mais idiota você for, maior a sua crença nisso, e mais cedo ou...

"... e consciência, e devem agir em relação uns aos outros com espírito de fraternidade". A consciência surge apenas depois de uma profunda meditação, nunca antes. Ela é o desabrochar da meditação. Pouquíssimas pessoas em todo o mundo, em toda a história, estiveram conscientes, tiveram alguma consciência. No entanto, as duas palavras, "*conscience*" e "*consciousness*", têm o mesmo significado; mas, por causa das pessoas religiosas, todas as línguas, com exceção do francês, criaram sentidos diferentes para a mesma palavra. Só em francês essas duas palavras são a mesma. Significam a mesma coisa.* Em todo o mundo, as religiões tentaram distinguir *conscience* de *consciousness* por um

---

* Na verdade, em português ocorre o mesmo que em francês: em todos os nossos dicionários, ambas as palavras são traduzidas como "consciência". Em inglês, idioma em que Osho se expressa nesta palestra, pode haver uma diferença de sentido entre elas, em seu uso pelo falante, mas trata-se de nuances: "*conscience*" tem o sentido de "sentimento moral, conhecimento do certo e do errado", e "*consciousness*", "condição ou estado de quem está consciente, desperto e capaz de entender o que se passa a seu redor" — sinônimo de "*awareness*" (termo por vezes traduzido como "conscientização"). *[N. do T.]*

certo motivo: a *consciousness* [um estado de alerta] só surge após a meditação. Por quanto tempo conseguirá enganar as pessoas? É como quando você traz luz para dentro de um quarto escuro, e a escuridão desaparece. No instante em que está num estado meditativo, você tem *consciousness*, está num estado de alerta.* As religiões criaram uma nova palavra: "*conscience*". E *conscience* é o que os padres, a Igreja, a religião lhe ensinam sobre o que é bom, o que é mau, o que é virtuoso, o que é pecado... todos esses ensinamentos formam a sua *conscience*. Fazer uma distinção entre *conscience* e *consciousness* é um truque muito sagaz.

Não pode haver *conscience* sem *consciousness*. Mas eles criaram uma *conscience* falsa, artificial.

Por exemplo, eu nasci em meio a uma religião muito antiga — talvez a mais antiga, é uma religião pequena no que se refere ao número de fiéis. Mas eles têm as próprias superstições. Antes de completar 18 anos, nunca tinha visto um tomate dentro de casa. Você acha que tomates são perigosos? Mas, como a cor do tomate é a mesma da carne, isso já era motivo suficiente para que ele fosse proibido. Até meus 18 anos, nunca comi nada à noite, pois isso é proibido por essa religião. Você só pode comer entre o nascer e o pôr do sol. Se você se alimenta à noite, talvez coma algum inseto, alguma formiga: pode acontecer algum tipo de violência. Portanto, é melhor comer em plena luz do dia.

Quando completei 18 anos, meus amigos estavam indo visitar um lindo castelo perto de nossa casa, a alguns quilômetros dali. Fui com eles. Eu não fazia ideia, nem sequer pensei a respeito,

* "Estado de alerta": *awareness*, na fala original. *[N. do T.]*

mas subir a colina até o castelo... e ele era tão lindo, tão antigo, havia tantas coisas para ver, que ninguém nem pensou em preparar comida. Pedi a eles:

— Vamos logo, já vai anoitecer, e eu já estou com bastante fome, vocês também estão. Passamos o dia inteiro caminhando pelas montanhas! Foi cansativo, mas uma experiência e tanto.

Eles disseram:

— Enquanto houver luz do dia, não queremos perder nada. E ainda tem algumas coisas para vermos.

Eu era o único do grupo que não tinha o hábito de comer à noite. Todos eles comiam à noite, não tinham problema com isso. Lá pelas nove ou dez da noite, eles prepararam uma refeição deliciosa — e, depois de ter passado o dia inteiro caminhando na montanha, e morrendo de fome, me vi diante de um dilema: o que fazer? Então disse a eles:

— Estou numa situação bem difícil: eu nunca comi à noite, e a religião com que eu infelizmente nasci diz que, se você comer à noite, irá para o inferno. Eu não quero ir para o inferno só por causa de uma refeição noturna, mas, se eu estiver com fome, também não vou conseguir dormir. Além disso, o aroma da comida de vocês é demais!

Eles tentaram me convencer:

— Nós não vamos contar aos seus pais nem a qualquer outra pessoa. Ninguém jamais vai saber que você comeu à noite.

— A questão não é essa. Eu vou saber. Não tem a ver com meus pais ou com mais alguém. Vocês podem contar isso ao mundo inteiro, não há problema. O problema é que eu não consigo me imaginar comendo à noite após dezoito anos de condicionamento contínuo. Mas eles me convenceram, e eu precisava ser convencido. Comi, mas não consegui dormir; vomitei durante a madrugada toda. Ora, ninguém mais vomitou. Havia mais vinte pessoas comigo; todos dormiram; estavam cansados, tinham comido bem. Dormiram bem. Passei a noite inteira acordado, vomitando. Não conseguia dormir até que eu tivesse me esvaziado completamente da comida. Só consegui dormir perto das cinco da manhã.

Aquilo me levou a pensar que comer à noite talvez fosse perigoso. Foi apenas uma vez, e aquela noite inteira virou um inferno! E as pessoas que têm comido à noite a vida inteira... A ideia de que elas vão para o inferno talvez esteja certa, mas no mundo inteiro as pessoas comem à noite — se isso é verdade, então todos vão para o inferno! E esses vinte amigos meus, que dormiram tão tranquilamente, ninguém vomitou, então não havia nada de errado com a comida. Nem nada de errado com eles! Havia algo de errado em meu condicionamento, eu fui criado com uma concepção errada. Mas, uma vez que você aceita algo, isso cria uma falsa consciência que está sempre lhe dizendo: "Não faça isso, faça aquilo."

Isso não é *consciousness* [condição de quem está desperto, alerta]. A *consciousness* simplesmente sabe o que fazer, o que não fazer. Não é uma questão de escolha. Esse é um estado em que não há escolha. Você simplesmente sabe o que é certo.

Você não nasce com consciência. Ela foi criada pelas religiões, e elas têm explorado você por meio da criação da consciência. Mas essa condição de desperto, esse estado de alerta, é a fragrância que emerge quando você fica em absoluto silêncio. Ela não surge com o seu nascimento. Sim, se você atinge tal condição, terá um novo nascimento; você renascerá.

É isso que Jesus tinha em mente quando disse a Nicodemos: "A menos que você nasça novamente, não conseguirá me compreender." Ele não está falando de sua próxima vida. Ele quer dizer que você terá de transformar o seu ser, se elevar em seu estado de despertar: "Somente então você conseguirá me compreender."

Se você está desperto e num estado de alerta, silencioso e num estado meditativo, não será mais necessário dizer que toda a humanidade é uma coisa só. Ela é. Essa é a sua experiência. E isso não será apenas uma fraternidade, será também uma sororidade. Mas isso será um mero subproduto, não haverá necessidade de declará-la como um direito essencial.

Artigo 2: Todo ser humano tem capacidade para gozar os direitos e as liberdades estabelecidos nesta Declaração, sem distinção de qualquer espécie, seja de raça, cor, sexo, língua, religião, opinião política ou de outra natureza, origem nacional ou social, riqueza, nascimento ou qualquer outra condição.

Tudo bobagem. A primeira coisa que tive de fazer ao entrar nos Estados Unidos foi declarar sob juramento que não sou anarquista; se eu for anarquista, não posso entrar nos EUA. O anarquismo é uma ideologia política! Não entendo como as pessoas podem continuar declarando uma coisa dessas. Ninguém um dia vai lhe perguntar "Quando você pretende praticar um ato anarquista?". Em todo lugar há discriminação — de diferentes tipos e em países distintos, mas a discriminação existe. É preciso que a humanidade faça um grande protesto contra as pessoas assim chamadas humanitárias. Elas acham que estão prestando um grande serviço. Por exemplo, na Índia a mulher ganha um salário menor pelo mesmo trabalho feito pelo homem. E nessa Declaração é dito que, pela mesma quantidade de trabalho, a remuneração deve ser a mesma, seja para o homem, seja para a mulher, para um branco ou para um negro. Mas isso não acontece na vida real.

Quando fui preso nos Estados Unidos, passei por seis presídios, e em nenhum deles havia sequer um único homem branco. Em seis presídios federais — que eram enormes, com 600, 700 pessoas no mesmo presídio... mas todos eram negros. E você me diz que não há discriminação ali? Parece estranho — em um país branco, todos os criminosos são negros. E não parava por aí. Fiz perguntas a alguns prisioneiros negros — pois todos eles me adoravam; eles tinham me visto na televisão nos últimos cinco anos, e todos também se envolveram em polêmicas. Eles tinham lido meus livros e ficaram contentes por eu estar no meio deles pelo menos por um dia; se lembrariam daquele dia pelo resto de suas vidas. Perguntei a eles:

— Que crime vocês cometeram?

— Todas estas pessoas que você está vendo aqui, elas não cometeram crime nenhum. Elas foram presas do mesmo modo que você, sem um mandado de prisão. E eles continuam nos dizendo, repetidas vezes: "O seu julgamento vai ocorrer amanhã, ou na próxima semana", mas esse amanhã nunca chega.

Um homem me disse que estava ali havia nove meses, sem julgamento.

Ora, essa Declaração diz que ninguém deve ser preso sem um mandado de prisão, que ninguém deve ser mantido preso a menos que o crime cometido por ele seja provado. A inocência não precisa de provas. Você precisa provar que uma pessoa é criminosa, somente então pode encarcerá-la. Caso contrário, ela não pode ficar presa. Mas as pessoas estão lá há nove meses, oito meses, seis meses presas — e todas são jovens. Comecei então a entender a razão: não é que elas tenham feito algo de errado. A razão é: elas são jovens e revolucionárias. Elas querem direitos iguais para os negros. Esse é o crime delas. E elas não podem ser levadas a julgamento, pois a Corte as libertará, então elas são mantidas na prisão. Mas isso é absolutamente criminoso da parte do governo dos EUA.

Estive em somente seis presídios e tive proximidade com três ou quatro mil jovens negros. Talvez haja milhares de pessoas em outros presídios. Eles me disseram: "Como está havendo muita pressão de países de todo o mundo, eles estão levando você a julgamento. Caso contrário, se o mundo tivesse permanecido calado, se a mídia não tivesse espalhado pelo mundo inteiro que todos os governantes estão praticando crimes contra uma pessoa inocente... A pressão é grande demais, e os olhos de toda a mídia estão voltados para você. Eles estão sendo obrigados, e relutam, a levá-lo a julgamento."

Mesmo assim, eles demoraram 12 dias para fazer isso. Isso também é contra os direitos humanos. A distância entre o lugar onde fui preso e o tribunal a que eu deveria comparecer era percorrida com cinco horas de voo. Meu próprio jato estava ali. Meu piloto e eu lhes oferecemos nosso jato. Nós dissemos: "Vocês podem ir com os seus pilotos, e me levar ao tribunal. Por que precisam me manter aqui em seu presídio?"

Eles só aceitariam me levar no próprio avião deles. Toda a estratégia era: "O avião não chegou hoje... há algo de errado com o avião..." — parece que eles só tinham um avião. "O piloto está doente...". Eles precisaram de 12 dias para fazer uma viagem de cinco horas. Mas, na comparação com os outros prisioneiros, pensei: "Isso foi bastante rápido, somente 12 dias."

Todos os governos continuam praticando atos ilegais, todos eles contra os direitos humanos. E essas pessoas são os representantes dos governos e são capazes, sem o menor pudor, de redigir essa Declaração — talvez nem mesmo sintam o que estão fazendo. São completas mentiras, mentiras bem-intencionadas e diplomáticas.

Artigo 3: Todo ser humano tem direito à vida, à liberdade e à segurança pessoal.

Mas a morte não está incluída aqui, e isso é importante. Como o nascimento não está em suas mãos — você nasce sem dar o seu consentimento —, nelas está apenas a morte. E você pode escolher: ou morre sem consentir, ou morre com a dignidade de um ser humano, consentindo. Não se trata de dar uma chance à morte, mas de se movimentar quando você tiver vivido o suficiente. Mas essas pessoas ficam apreensivas em incluir a morte aqui, pois, nesse caso, todas as religiões e todos os partidos políticos vão lhes criar uma enorme confusão. Tudo tem de ser reconfortante: "A vida..." Mas que tipo de vida?

Recentemente, na Europa, o Mercado Comum Europeu acumulou montanhas de manteiga e outros alimentos. Na Etiópia, as pessoas estão morrendo de fome, mil pessoas morrem por dia, os europeus tinham um excedente, mas se recusaram a dá-lo à Etiópia. Esse excedente teve de ser jogado no mar. Ao fazer isso, desperdiçaram 2 bilhões de dólares — e esse não é o valor dos alimentos, mas somente o trabalho de transportar e jogar a comida no mar. E eles seguem fazendo isso a cada seis meses, pois a cada seis meses há um excedente e eles precisam de mais armazéns. E o que você fará com isso tudo? Novas colheitas estão chegando. Mas eles não as doarão à Etiópia. Na Índia, metade da população está vivendo abaixo dos níveis nutricionais básicos, e um quarto está praticamente morrendo de fome. Nos vilarejos, cinquenta por cento das pessoas comem apenas uma vez por dia — e, quando eu digo "comem", não imaginem o Taj Mahal Hotel. Trata-se simplesmente de pão, sal, um pouco de molho feito de manga ou de outras frutas, só isso. Isso não é alimento.

A menos que o mundo seja um só, não conseguiremos dar a todos a alimentação necessária.

E o que significa dizer que você tem direito à vida? Pois as pessoas estão lá, e elas estão morrendo; pessoas morreram. Os Estados Unidos estão fazendo o mesmo, a Rússia de Stalin fazia o mesmo, isso não acontece somente na Europa. A cada três meses, os EUA despejam seu excedente de alimentos no mar, e isso vale bilhões de dólares. Na época de Stalin, a Rússia usava trigo em vez de carvão, como combustível para seus trens, pois o trigo era mais barato, era parte do excedente, e o carvão era difícil e caro de ser obtido na Rússia. As pessoas estão morrendo — e isso não importa. Elas estão morrendo de fome — e isso não importa.

Artigo 9: Ninguém pode ser arbitrariamente preso, detido ou exilado.

Eu fui submetido a isso — portanto, sou testemunha de que essa Declaração não está sendo aplicada por nenhum governo, particularmente pelos EUA, que propuseram essa Declaração.

Fui detido na Inglaterra — e não foi sequer por uma razão arbitrária. Minha intenção era permanecer por seis horas no saguão de passageiros de primeira classe, no aeroporto, porque meus pilotos tinham percorrido o limite de suas horas de voo e queriam descansar. É contra as regras deles voar por mais de 12 horas, então tivemos de parar. Meus pilotos disseram: "Talvez eles criem caso com isso; poderão dizer que o saguão de primeira classe é reservado para os passageiros de primeira classe, e você não é um passageiro; você tem o seu próprio avião."

Ora, que classe é essa, e como eles podem decidir? Então, pedi a meu pessoal que comprasse duas passagens, duas passagens de primeira classe para o voo da manhã: "Vamos voar em nosso próprio avião, mas compre duas passagens caso eles toquem nesse assunto." E, de fato, eles tocaram no assunto. Então, apresentamos as passagens! O funcionário ficou em estado de choque. Ele não havia imaginado que nós pudéssemos também ter as passagens conosco. Eu lhe disse:

— E então, o que você me diz agora?

— Eu não posso fazer nada. Preciso consultar meus superiores.

E quem eram os superiores deste funcionário?

Parece que era o próprio primeiro-ministro. Assim que o homem se afastou, dei uma olhada em sua pasta; ele a tinha deixado sobre a mesa. O governo lhe havia dado ordens. Eu jamais pedi visto de entrada para a Inglaterra, portanto eles não teriam motivo para se preocupar comigo. Mas eles decidiram no Parlamento que, caso eu pedisse o visto, minha entrada no país seria negada. Quando o homem retornou, disse a ele:

— Eu não quero entrar na Inglaterra. Mesmo se a Inglaterra inteira quiser que eu entre no país, eu serei a última pessoa a fazer isso. Não tenho assunto nenhum a tratar na Inglaterra, tudo o que quero é dormir no saguão. E a partir do saguão não dá para entrar no país. É uma área fechada; ficaremos somente no aeroporto. E é um aeroporto internacional, não é a Inglaterra.

Mas ele disse:

— O que eu posso fazer? Meus superiores é que estão insistindo: "Se ele insistir, coloque-o na detenção. É o único jeito. Ele pode permanecer detido por seis horas."

Eu permaneci detido por seis horas e nem sequer havia uma razão arbitrária. Eu não havia cometido nenhum crime, eu tinha as passagens comigo, eu tinha meu próprio avião, eu só queria descansar. Mas, como tenho exposto os políticos constantemente, eles agora estavam tão assustados que o simples fato de eu dormir seis horas no saguão do aeroporto era um perigo para a religião da Inglaterra, para sua moralidade, para seu caráter. Posso corromper os jovens apenas ficando no saguão do aeroporto!

Essas pessoas não são amantes dos seres humanos. E tampouco têm qualquer respeito pela dignidade humana.

Artigo 18: Todo indivíduo tem direito à liberdade de pensamento, consciência e religião; este direito inclui a liberdade de mudar de religião ou crença, e a liberdade de manifestar esta religião ou crença pelo ensino, pela prática, pelo culto em público ou em particular.

"Liberdade de pensamento e de expressão." Eu nunca fiz nada além de expressar os meus pensamentos. Se esse é um direito humano, então governo nenhum poderia ter algo contra mim. Não tenho nenhuma atividade política; não tenho nenhum interesse por qualquer tipo de poder. Eu simplesmente falo sobre qualquer coisa que enxergue com maior clareza do que todos esses políticos cegos. Então, qual é o medo? "Liberdade de expressão...". O papa colocou todos os meus livros na lista proibida, de modo que nenhum católico os pudesse ler. Eles têm uma lista proibida. Na Idade Média, sempre que um livro aparecia na lista proibida, seus exemplares eram queimados em toda a Europa. Hoje eles não podem mais fazer isso, mas podem dizer "Católico nenhum deve ler isso". E os católicos não são uma pequena minoria — 700 milhões de pessoas, é um mundo particular. Ora, impedi-los de ler significa simplesmente que você aceitou a derrota, que vocês não têm nenhuma resposta para me dar.

Mas então por que toda essa bobagem em relação a uma Declaração de Direitos Humanos?

Artigo 19: Todo ser humano tem direito à liberdade de opinião e expressão, o que implica o direito a não ser importunado pelas suas opiniões, e o de procurar, receber e difundir — independentemente de fronteiras — informações e ideias por qualquer meio de comunicação.

Isso não está certo. O Parlamento da Índia fez um apelo a jornalistas e a profissionais da mídia para que não dessem nenhuma cobertura às minhas opiniões. O governo norte-americano tem pressionado o governo indiano para que nenhum profissional de mídia do Ocidente possa me entrevistar.

O governo norte-americano tem feito duas coisas: tem pedido a todos os governos da Europa e da Austrália que me neguem a permissão de morar em seus países, e também que, a partir desses países, eu seja reenviado para a Índia. Assim, todos os países europeus aprovaram resoluções em seus parlamentos estabelecendo que eu não tenho direito de entrar no seu território, mesmo que com visto de turista, por três semanas. O plano norte-americano é que eu não tenha a permissão de entrar em nenhum país e que ninguém que tenha a intenção de me ver ou me encontrar tenha a permissão de ir para a Índia. Desse modo, eles acham que podem eliminar o movimento *sannyas*.

Isso é o que está acontecendo, na verdade. Belas palavras e maravilhosos slogans. Mas é tudo vazio.

Artigo 22: Todo ser humano [tem direito] [...] ao livre desenvolvimento de sua personalidade.

A meu ver, você não tem liberdade para desenvolver a sua personalidade.

Em primeiro lugar, as pessoas que redigiram isso não sabem que a personalidade é o seu lado falso, e não tem de ser desenvolvida de modo nenhum. A sua realidade é a sua individualidade, que precisa ser descoberta. Mas eles não falam sobre a individualidade. É possível que eles jamais tenham sequer pensado a esse respeito, pois são apenas personalidades, sua própria individualidade ainda não foi despertada, não está alerta. Naturalmente, eles usam a palavra "personalidade". *Personalidade* é uma palavra feia. Significa "máscara". A própria raiz da palavra significa "máscara". E nós não queremos que as pessoas usem máscaras. As pessoas devem ser naturais, espontâneas.

Artigo 25: Todas as crianças, nascidas dentro ou fora do matrimônio, gozarão da mesma proteção social.

Ora, se for verdade, isso anula o casamento! Se uma criança nascida em um casamento e uma outra nascida fora do casamento têm os mesmos direitos, então o casamento perde todo o sentido. Qual é o sentido do casamento? Mas eles não têm coragem de dizer isso. E isso também não é verdade, pois crianças nascidas fora do casamento não são respeitadas em lugar nenhum. Elas são condenadas de todas as formas possíveis.

Eu dediquei esse tempo todo a essa bobagem porque essas são as pessoas que estão controlando o mundo inteiro, pessoas cuja cabeça precisa ser martelada o quanto for possível. Elas têm mantido a humanidade na escravidão, e isso não deve mais ser permitido.

Elas não têm nenhum direito de fazer Declarações. Nós é que temos esse direito. Nós somos o povo. No que diz respeito ao meu pessoal, declaramos que viveremos a liberdade, o amor, a humanidade. Cresceremos em nossa individualidade e ajudaremos todas as pessoas que nos convidarem e que nos recebam bem.

O único direito essencial é tornar-se Deus. E, a menos que você encontre Deus dentro de si mesmo, todo o resto será desinteressante, entediante. E, quando você encontra o divino dentro de si, todo o restante é simultaneamente encontrado.

Direitos Humanos Universais para a Nova Humanidade

Osho,

Você nos falou sobre a Declaração de Direitos Humanos da ONU. Poderia fazer a sua própria Declaração de Direitos Humanos para o Novo Homem?

A Declaração de Direitos Humanos significa, basicamente, que a humanidade ainda vive em vários tipos de escravidão. Não fosse assim, essa Declaração não seria necessária. A própria necessidade dela indica que o homem vem sendo enganado por milhares de anos. E ele tem sido enganado de uma maneira tão astuta que, a menos que você se eleve acima da humanidade, não será capaz de ver em que tipo de grilhões invisíveis estamos vivendo, em que escravidão, em que prisões invisíveis estamos todos confinados.

A minha Declaração de Direitos Humanos consiste em dez coisas fundamentais.

A primeira delas é a vida.

O homem tem direito à dignidade, à saúde; o direito de se desenvolver, de modo que possa desabrochar até alcançar o florescimento absoluto. Esse florescimento absoluto é direito dele. O homem nasce com as sementes, mas a sociedade não lhe oferece o terreno, o devido cuidado, a atmosfera amorosa.

Pelo contrário: a sociedade lhe oferece uma atmosfera muito venenosa, repleta de raiva, ódio, destruição, violência e guerras. O direito à vida significa que as guerras não deveriam mais existir. Também significa que ninguém mais deveria ser forçado a se alistar no exército, forçado a ir para guerra; todos têm o direito de recusar isso. Mas não é o que acontece.

Milhares de pessoas estão presas — especialmente jovens, sensíveis e inteligentes — por terem se recusado a lutar em guerras. Essa recusa tornou-se um crime — e eles estavam simplesmente dizendo que não querem matar seres humanos. Seres humanos não são coisas que você pode destruir sem pensar duas vezes. Eles são o clímax da evolução universal. Destruí-los por uma causa qualquer — em nome da religião, da política, do socialismo, do fascismo, não importa que causa seja: o homem está acima de todas as causas e não pode ser sacrificado em nenhum altar.

É muito estranho que a ONU crie a Declaração dos Direitos Essenciais dos seres humanos e que, no entanto, não diga nada sobre os milhares de jovens cuja vida está sendo desperdiçada nos presídios pela simples razão de que eles se recusaram a destruir a vida. Mas isso tem raízes profundas, que precisam ser compreendidas.

Só pode existir o direito à vida em meio a uma atmosfera diferente, que ainda não existe na Terra. Os homens matam animais, matam pássaros, matam seres aquáticos como mera diversão. Não há nenhuma reverência pela vida — e a vida é a mesma, seja ela humana ou de outras formas. A menos que o homem se conscientize de sua violência contra os animais, os pássaros, ele não será capaz de estar realmente alerta em relação a seu próprio direito à vida. Se você não se preocupa com a vida dos outros, que direito tem de exigir que se preocupem com a sua?

As pessoas vão à caça, matando animais sem necessidade. Estive como hóspede no palácio do marajá Jamnagar. Ele me mostrou centenas de cabeças de leões e de cervos. Elas ocupavam o palácio inteiro, e ele as exibia para mim.

— Fui eu mesmo que matei esses animais.

— Você me parece uma pessoa boa — falei. — Por que fez isso? O que esses animais fizeram contra você?

— Não há nenhum porquê, e não se trata de eles terem feito algo contra mim. Isso é só uma brincadeira.

— Olhe então pelo outro lado. Se um leão matasse você, isso seria uma brincadeira? A sua esposa, seus filhos, seus irmãos... algum deles teria a coragem de dizer que foi só uma bela brincadeira? Isso seria uma tragédia! Quando você mata, é uma brincadeira; se eles é que matam, então é uma calamidade. Esses dois pesos e duas medidas é que mostram a sua desonestidade, a sua falta de sinceridade.

— Eu nunca tinha pensado nisso — respondeu o homem.

Mas a totalidade da humanidade não é vegetariana; eles ingerem todos os tipos de seres vivos. Não há uma reverência pela vida como ela é. A menos que criemos uma atmosfera de reverência pela vida, o homem não atingirá o objetivo de ter acesso a seu direito essencial à vida.

Em segundo lugar, como a ONU também declara que a vida é um direito essencial do homem, esse direito está sendo desperdiçado. O papa, Madre Teresa e toda a tribo deles o têm usado para ensinar as pessoas a combater o controle da natalidade, o aborto, a pílula. A mente humana é tão ardilosa. Tratava-se de direitos humanos, e eles estão tirando vantagem disso. Eles dizem que você não pode usar métodos para controlar a natalidade, pois eles são contrários à vida. A criança não nascida também tem o mesmo direito que você. Então, um limite deve ser traçado, pois exatamente em que ponto...? A meu ver, a pílula não destrói os direitos humanos; na verdade, ela prepara o terreno para eles. Se houver um excesso de população na Terra, milhões de pessoas morrerão de inanição; haverá guerras. E, da maneira que essa multidão está crescendo, isso pode conduzir a humanidade a uma situação bastante desumana.

Em Bengala, na Índia, houve um grande período de fome, durante o qual as mulheres comiam seus próprios filhos. As pessoas vendiam os próprios filhos por apenas uma ou duas rúpias. E você acha que as pessoas que os compravam estavam comprando seres humanos? Não, elas estavam comprando comida. O papa e Madre Teresa são responsáveis por tudo isso.

A pílula simplesmente impede que a criança seja formada no útero da mãe, portanto a questão dos direitos humanos não vem à tona. E a ciência já descobriu, recentemente, uma pílula para o homem. Não é necessário que a mulher tome a pílula, o homem pode tomá-la. De qualquer maneira, a criança não é formada; portanto, o direito fundamental não se aplica a esse caso. Mas essas pessoas religiosas — os *shankaracharyas* da Índia, os aiatolás do Irã... e, no mundo inteiro, todas as religiões se opõem aos métodos de controle da natalidade, as únicas coisas que podem impedir o homem de cair na barbárie.

Sou absolutamente a favor de métodos de controle da natalidade. Uma criança deve ser reconhecida como ser humano desde o momento em que nasce — e mesmo assim, faço algumas ressalvas.

O direito à vida é algo complexo. Ninguém está autorizado a matar alguém em nome da religião. Milhões de pessoas têm sido mortas em nome de religiões, a serviço de Deus. Ninguém deve morrer em nome da política. E, uma vez mais, a mesma coisa aconteceu. Somente Josef Stalin, quando esteve no poder, matou um milhão de pessoas, a população de seu próprio país. Adolf Hitler matou seis milhões de pessoas. E já aconteceram milhares de guerras. Ao que parece, estamos fazendo uma única coisa nesta Terra: reproduzindo crianças porque soldados são necessários, reproduzindo crianças porque guerras são necessárias. Ao que parece, o homem não passa de um instrumento necessário para causar mais destruição, mais guerras.

A população deve ser reduzida se o homem quiser existir — ter dignidade, honra e seu direito à vida; não apenas se arrastar pela vida, mas dançar. E, quando digo que a vida é um direito fundamental, me refiro a uma vida de canções e de dança, uma vida de alegria e de bênçãos.

A segunda coisa que eu considero é o amor.

O amor deve ser aceito como um dos direitos humanos mais fundamentais, e todas as sociedades o têm destruído. Elas o destruíram ao criar o casamento. O casamento é um falso substituto para o amor. No passado, os pais obrigavam as crianças pequenas a casar-se entre si. Elas não faziam ideia do que é o amor, do que é o casamento. E por que seus pais faziam com que elas se casassem? Por um motivo simples: antes de se tornarem jovens adultos, antes que o amor nasça no coração delas, as portas precisam ser fechadas, pois, uma vez que o amor se instala, a situação fica muito complicada.

O casamento entre crianças jamais será algo humano. Um homem ou uma mulher devem ter a permissão de escolher seu parceiro ou sua parceira no momento em que sentirem tal necessidade. O governo não deve se meter, a sociedade não tem nada a ver com isso. Trata-se de um assunto de dois indivíduos. Sua privacidade é sagrada. Se duas pessoas querem viver juntas, não precisam da permissão de um padre ou de um governo; elas precisam da permissão de seus próprios corações. E, no dia em que elas sentirem que chegou a hora de se separarem, também não precisam da permissão de ninguém. Podem se separar como amigos, com belas lembranças dos dias em que se amaram.

O amor deve ser a única motivação para que homens e mulheres vivam juntos. Não há necessidade de nenhum outro ritual. O único problema que havia no passado era o que aconteceria às crianças; isso era usado como argumento para o casamento. Hoje há alternativas, muito melhores. As crianças devem ser aceitas não como uma propriedade de seus pais — elas pertencem à humanidade inteira. Desde bem cedo, deve ficar claro para elas: "A humanidade inteira protegerá você, ela é o seu abrigo. Talvez estejamos juntos, e cuidaremos de vocês. Talvez não estejamos juntos, e mesmo assim cuidaremos de vocês. Vocês são nosso sangue, nossos ossos, nossas almas."

Na verdade, essa ideia dos pais, de que são donos de seus filhos, é uma das coisas mais perigosas que a humanidade carrega consigo. Essa é a raiz do conceito de possessividade. Seus filhos não são suas posses. Você pode amá-los, pode abençoá-los, mas não os pode possuir. Eles pertencem à humanidade inteira. Eles vêm de além de você; você foi simplesmente uma passagem. Não se considere mais do que isso. O que você puder fazer, faça.

Todas as comunas, todos os vilarejos devem cuidar das crianças. Assim que a comuna começa a cuidar das crianças, o casamento se torna absolutamente obsoleto. E o casamento está destruindo o seu direito essencial de amar.

Se o amor do homem for livre, não haverá negros e brancos, e não haverá essas feias discriminações, pois o amor desconhece limites. Você pode se apaixonar por um homem negro, pode se apaixonar por um homem branco. O amor desconhece escrituras religiosas. Ele conhece apenas o pulsar do coração, e o conhece com uma certeza absoluta. Uma vez que o amor é livre, ele prepara o terreno para os outros direitos fundamentais.

Na verdade, se você perguntar aos cientistas, eles lhe dirão que deve haver a maior diferença genética possível entre as pessoas que se apaixonam. Assim, elas reproduzirão crianças melhores, mais inteligentes, mais fortes. Hoje já sabemos disso: estamos fazendo essa tentativa no mundo inteiro, no que diz respeito aos animais. O cruzamento de animais nos deu vacas melhores, cavalos melhores, cães melhores. Mas o homem é estranho. Você já conhece o segredo, mas não está aperfeiçoando a si mesmo. Todas as famílias da realeza estão sofrendo. Elas reproduzem um número enorme de idiotas porque continuam casando entre si mesmos. O sangue de um membro da realeza não pode se misturar com o sangue de um plebeu — neste século ainda pensamos em termos de sangue da realeza. Sangue é simplesmente sangue! Mas, se uma dezena de famílias permanece continuamente se casando entre si, acabam criando vários tipos de doenças.

Eles estão morrendo de tédio, mas não conseguem escapar de seu pequeno círculo. Eu nunca encontrei uma única pessoa que pertencesse à Família Real e que fosse inteligente, e na Índia eu conheci quase todas as famílias da realeza. Não é apenas a mente deles que permanece retardada, o corpo também sofre com isso.

Você já deve ter ouvido falar em Rasputin. Antes da Revolução, ele foi o homem mais importante da Rússia, pela simples razão de que o filho do czar sofria de uma doença: se ele se machucasse por um acidente, não havia como impedir seu sangramento. Nenhum remédio era capaz de impedir aquilo, não havia jeito; o sangue continuava a correr. E essa é uma das condições genéticas que uma segunda geração de casamentos consanguíneos pode apresentar.

Rasputin era um grande hipnotizador. Não era nem santo nem pecador, era simplesmente um grande hipnotizador. Usando a hipnose, ele conseguiu estancar o sangramento da criança. Aquilo que médico nenhum era capaz de fazer... e a criança seria a sucessora do maior império daquela época. Certamente, Rasputin tornou-se uma pessoa muito importante. Sem ele, a vida da criança estaria em perigo.

Mas, mesmo assim, essas famílias reais, embora tenham perdido seus reinos e seus impérios, continuam praticando o casamento entre si. Isso cria uma personalidade muito frágil.

Não deveria haver qualquer limite — que um hindu só possa se casar com uma hindu, ou que um brâmane só possa se casar com uma brâmane. Na verdade, deveria haver uma regra dizendo que um indiano nunca poderá se casar com uma indiana. O mundo inteiro está à disposição; encontre seu cônjuge longe de você, para além dos sete mares, e então terão crianças mais belas, mais saudáveis, que viverão mais tempo, muito mais inteligentes, gênios. O homem precisa aprender sobre o cruzamento de raças, mas isso só será possível se o casamento desaparecer e o amor passar a ser absolutamente respeitado. Hoje em dia, ele é condenado.

O terceiro direito mais fundamental: a morte.

Pois estas são as três coisas mais importantes na vida: ela própria, o amor e a morte. A todo indivíduo deve ser dado o direito fundamental de, após certa idade, quando tiver vivido o suficiente e não quiser continuar se arrastando sem necessidade — pois amanhã sua vida será apenas uma repetição; ele já perdeu toda a curiosidade que tinha em relação ao amanhã —, ele tem todo o direito de deixar o corpo. Esse é um direito fundamental seu. É a vida dele. Se ele não quiser dar continuidade a ela, ninguém deve impedi-lo. Na verdade, todos os hospitais deveriam ter uma área especial na qual os pacientes que desejam morrer possam entrar um mês antes, onde possam relaxar, desfrutar de todas as coisas que têm pensado em sua vida inteira, mas não conseguiram fazer: música, literatura, se quiseram pintar ou esculpir... e os médicos deveriam dedicar-se a ensiná-los a relaxar.

Até hoje, a morte tem sido considerada quase como algo feio. O homem tem sido uma vítima, mas isso é culpa nossa. A morte pode ser transformada em celebração; você só tem de aprender a lhe dar as boas-vindas, relaxado, em paz. E, no período de um mês, as pessoas, os amigos, podem visitar e encontrar os pacientes. Todo hospital deve ter uma instalação especial — mais locais para os pacientes à beira da morte do que para os demais pacientes. Permita-lhes viver pelo menos um mês como imperadores, de modo que possam deixar a vida sem ressentimento ou reclamações, mas apenas com um profundo sentimento de gratidão.

O quarto direito: a busca da verdade.

Ninguém deve ser condicionado desde a infância a nenhuma religião, nenhuma filosofia, nenhuma teologia, pois com isso você está destruindo a liberdade de busca dessa pessoa. Ajude-a a ser suficientemente forte. Ajude-a a ser suficientemente forte para duvidar, para ser cética em relação a tudo em que as pessoas a seu redor acreditam. Ajude-a a jamais acreditar, mas a insistir em buscar conhecer. E, seja qual for o custo, e por mais tempo que isso demore, a seguir sozinha em sua peregrinação, sem mais ninguém, pois não há outro meio de encontrar a verdade.

Todas as demais pessoas, que se consideram cristãs, judias, hindus ou muçulmanas — todas são crentes. Elas não sabem. A crença é puro veneno; saber é chegar próximo de desabrochar.

A busca da verdade... você não deve ensinar a ninguém o que é a verdade, pois ela não pode ser ensinada. Você deve ajudar a pessoa a investigar. A investigação é difícil e a crença é barata. Mas a verdade não é barata; a verdade é a coisa mais valiosa do mundo. Você não pode recebê-la de alguém, terá de encontrá-la você mesmo. O milagre é que, no instante em que você decide "Não serei vítima de crença alguma", já percorreu metade do caminho que conduz à verdade. Se a sua determinação for total, você não precisará ir até a verdade, a verdade virá a você. Você só tem de estar silencioso o suficiente para recebê-la. Precisa se tornar um anfitrião, de modo que a verdade possa se hospedar em seu coração.

Neste exato momento, o mundo inteiro vive em crenças. É por isso que não há brilho no olho das pessoas, nenhuma graça em seus gestos, nenhuma força, nenhuma autoridade em suas palavras. A crença é falsa; ela constrói castelos na areia. Basta uma pequena brisa para que seu grande castelo seja destruído.

A verdade é eterna, e encontrá-la significa que você também se tornou parte da eternidade.

O quinto direito essencial: a meditação.

A fim de encontrar a verdade, todos os sistemas educacionais, do jardim de infância à universidade, criarão uma atmosfera adequada à meditação. A meditação não pertence a nenhuma religião, tampouco é uma crença. Ela é a pura ciência do interior. Aprender a estar silencioso, aprender a observar, aprender a ser uma testemunha; aprender que você não é a mente, mas algo além dela — a consciência — o deixará preparado para receber a verdade.

E é a verdade que tem sido chamada de "Deus" por muitos; de "nirvana" por outros. Outros nomes têm sido dados a ela, mas é um silêncio sem nome, serenidade, paz. É uma paz tão profunda que você desaparece, e, no momento em que desaparece, entra no templo de Deus.

Mas o estranho é que as pessoas estejam desperdiçando quase um terço da vida em escolas, faculdades e universidades, sem saber nada sobre o silêncio, sobre o relaxamento ou sobre si mesmas. Elas sabem coisas sobre o mundo inteiro — é muito estranho que tenham esquecido somente sobre si mesmas. Mas parece que há uma razão para isso...

Há uma antiga história na Índia. Dez homens cegos estão atravessando um rio. Como a correnteza está forte, eles estão de mãos dadas. Ao alcançar a margem do outro lado, alguém sugere:

— É melhor fazer a contagem de nosso grupo. A correnteza estava tão forte, e não dava para enxergarmos direito; alguém pode ter sido levado com o vento, levado pelo rio.

— Então, começam a contar. De um modo estranho, a contagem de cada um deles só chega a nove. Todos tentam contar, mas o número total só chega sempre até nove. Sentado à beira do rio, um homem começa a rir.

— É hilariante! E aqueles dez cegos estão ali sentados, com lágrimas nos olhos pois perderam um amigo.

O homem vai até eles e pergunta:

— Qual é o problema? — Eles explicam a situação. Ele continua: — Fiquem todos em pé, em fila. Vou bater na primeira pessoa, e ela terá de dizer: "Um". Baterei na segunda, e ela terá que dizer "dois", porque darei duas pancadas. Vou bater três vezes na terceira pessoa, ela terá de dizer "três".

Estranho, mas ele encontrou o décimo homem, que estava perdido!

Todos os homens lhe agradecem, e tocam no pé dele; dizendo:

— Você é um Deus para nós. Achamos que tínhamos perdido um de nossos amigos. Mas, por favor, você pode nos dizer... nós também fizemos a contagem; todos nós tentamos, e o décimo homem nunca aparecia. Como é que ele surgiu de repente?

— Esse é um mistério antigo, que vocês não compreenderão — responde o homem. — Simplesmente continuem no caminho de vocês.

E qual é antigo mistério, aqui? A pessoa tende a esquecer de si mesma. Na verdade, ela vive a vida inteira sem lembrar-se de si mesma. Ela enxerga todos, conhece todos os outros, mas simplesmente esquece de si.

A meditação é o único método em que você começará a contar a partir de si mesmo: "Um". E, como ela não faz parte de nenhuma religião, não há problema — deveria estar no mundo inteiro, em todas as escolas, em todas as faculdades, em todas as universidades. Qualquer pessoa que esteja voltando para casa após uma aula deveria chegar com um ser profundo e meditativo, com uma aura de meditação a seu redor. Caso contrário, tudo que ele estiver trazendo de volta será baboseira, será lixo. A pessoa conhece geografia, sabe onde fica Timbuktu, sabe onde fica Istambul e não sabe onde ela mesma está.

A primeira coisa necessária na vida é saber quem você é, onde você está. A partir daí, todo o restante em sua vida começa a se acomodar e a movimentar-se na direção certa.

O sexto direito: liberdade em todas as dimensões.

Nem sequer somos livres como os pássaros e os animais. Nenhum pássaro precisa tirar passaporte. A qualquer momento, ele pode viajar ao Paquistão; não há necessidade de visto. É estranho que somente o homem continue confinado em nações, dentro de fronteiras. Como o país é grande, você tende a esquecer que está encarcerado. Você não pode sair dele, não pode entrar em outro país. Ele é uma grande prisão, e o mundo inteiro está repleto de grandes prisões. A liberdade em todas as dimensões significa que o homem, onde quer que ele nasça, é parte de uma mesma humanidade.

As nações precisam ser dissolvidas, as religiões precisam ser dissolvidas, pois todas elas estão criando escravidão — às vezes, um tipo hilário de escravidão.

Eu estava em Devas, uma cidade da Índia. O templo jainista da cidade estava fechado fazia vinte anos. Havia três cadeados na porta do templo: um cadeado dos *digambaras*, uma seita do jainismo, um outro dos *svetambaras*, uma segunda seita, e o terceiro cadeado, da polícia. Durante vinte anos, o pobre Mahavira permaneceu lá dentro — sem comida, sem água para tomar banho, sem luz. As pessoas se perguntam se ele estava realmente vivo ou morto, pois ele não fazia qualquer ruído... ele poderia, pelo menos, ter batido à porta, e gritado: "Abram esta porta, me deixem sair!"

Quando cheguei ao templo, perguntei:

— Qual é o problema?

Eu estava só de passagem, quando vi três cadeados enormes, maiores do que você conseguiria imaginar, e então fiquei sabendo da história.

Em Devas, há somente um templo jainista, e era esse o templo. Não há muitos jainistas; eles não têm dinheiro suficiente para construir dois templos, então construíram apenas um e dividiram seu tempo de uso. Até o meio-dia, os *digambaras* podiam fazer sua veneração, após o meio-dia, era a vez dos *svetambaras*... mas todos os dias eles brigavam.

As diferenças entre os *svetambaras* e os *digambaras* não são grandes — são tão infantis e idiotas! Os *digambaras* veneram um Mahavira que tem os olhos fechados, e os *svetambaras* veneram um Mahavira de olhos abertos. Essa é a única diferença essencial. Ora, uma estátua de mármore... ou você a esculpe com os olhos fechados ou com os olhos abertos, a menos que você adapte a ela algum mecanismo com um interruptor a ser ligado ou desligado, para abrir e fechar os olhos dela. Mas não havia uma tecnologia como essa na Índia; caso existisse, isso não seria difícil. Você a encontra em brinquedos — uma linda boneca, você a deita no chão e ela fecha os olhos; você a ergue, e ela os abre. Algo assim poderia ter sido providenciado.

Mas eles tomaram uma providência — primitiva, mas uma providência. E isso está sendo seguido em toda a Índia: quando os *svetambaras* veneram uma estátua que tem os olhos fechados, eles colam cílios postiços nela. É simples, nada técnico; não é necessário tecnologia para isso. Mas o problema continuava diariamente: bem ao meio-dia, os *svetambaras* se posicionavam, à espera. Um minuto a mais... os *digambaras* estavam fazendo sua adoração, e sabiam que a adoração estava demorando um pouco mais, então os *svetambaras* chegavam, colavam os cílios na estátua, e a briga começava.

Isso aconteceu tantas vezes que, por fim, a polícia trancou a porta do templo e disse a eles:

— Tratem de ir ao Tribunal e tomem uma decisão.

O caso ainda está em aberto; como é que um Tribunal pode decidir se Mahavira meditava de olhos fechados ou abertos? A verdade é que ele meditava com olhos semiabertos.

Nenhum pai ou mãe deve dizer ao seu filho sobre em que consiste a vida — teologia nenhuma, filosofia nenhuma, política nenhuma. Deve-se fazer com que ele tenha a maior inteligência e perspicácia possível, de modo que, quando crescer, possa sair em busca. E essa é uma busca que dura a vida toda. Hoje, as pessoas recebem uma religião assim que nascem. Na verdade, se você alcançar a sua religião no momento da morte, você a encontrou cedo. Ela é um tesouro tão precioso, mas que só é possível quando há liberdade — e liberdade em todas as dimensões, não apenas na religião.

Não deveria haver nações ou fronteiras nacionais. Não deveria haver religiões. O homem deveria ser tomado pelo que é, um homem. Por que confiná-lo com tantos adjetivos? Neste exato momento, ele não é livre, de nenhuma maneira.

Eu fui preso nos Estados Unidos. Em um presídio em Oklahoma, um agente da Polícia norte-americana me disse que eu deveria adotar David Washington como nome. Eu lhe perguntei:

— Esta é a primeira vez que alguém me chama assim. Você lê pensamentos?

Ele ficou meio intrigado.

— Esse é mesmo o seu nome?

— É claro — respondi.

— Então mude. Qualquer outro nome serve.

— Você sabe o meu nome. Não é David Washington; por que devo assinar como David Washington? E você chama este país de democracia! Não se tem sequer a liberdade de assinar com o próprio nome. Que outras liberdades vocês têm? E na sua jaqueta está escrito, em letras grandes, "Departamento de Justiça, Polícia Federal, EUA". Pelo menos tire essa jaqueta. David Washington não é meu nome, e eu não vou assinar isso. Esta é a primeira vez na vida que vejo como a democracia funciona, como a liberdade funciona. Não sou livre nem mesmo para assinar meu próprio nome. Qual é o sentido disso?

— Isso eu já não sei. Recebi a ordem de superiores: "O nome dele deverá ser David Washington, no presídio ele deverá ser chamado de David Washington."

— Então preencha você o formulário — respondi, e isso foi no meio da noite, à meia-noite. — Preencha você o formulário, eu me recuso a fazer isso. Você preenche, eu assino.

Ele estava com pressa para voltar para casa, então preencheu o formulário. Assinei meu nome. Ele olhou para a folha.

— Mas isso aqui não se parece nada com David Washington.

— Mas como é que poderia? Eu não me pareço em nada com David Washington.

— Você é um homem estranho. Me enganou.

— Você é que está enganando a si mesmo. Sabe perfeitamente qual é o meu nome. E amanhã o mundo inteiro vai saber que as assim chamadas democracias (países livres, que tanto falam de liberdade) não são sequer capazes de permitir que as pessoas assinem documentos com o próprio nome. Você não sabe o motivo pelo qual os seus superiores lhe pediram isso?

Ele respondeu que não.

— Isso é estranho, porque eu sei — continuei. — Trata-se de uma inferência simples e lógica: se você me matar na prisão, ninguém saberá onde eu desapareci. Isso porque, nos seus formulários, nos seus registros, eu nunca entrei neste presídio; com isso, não surge a suspeita de eu ter sido assassinado aqui.

Ele estava chocado. Eu prossegui:

— É uma coisa simples. Caso contrário, não haveria necessidade de mudar meu nome; vocês não têm autoridade para isso.

Mas não há liberdade em dimensão alguma deste mundo.

Eu estava prestes a ir para a faculdade. Meus pais queriam que eu fizesse um curso de Ciências ou de Medicina.

— Eu é que vou estudar, ou vocês? — perguntei.

— Claro que é você. Por que nós deveríamos ir?

— Então deixem a decisão por minha conta.

— Podemos deixar, mas lembre-se: não vamos lhe dar apoio financeiro.

— Estamos combinados.

Saí de casa sem uma única moeda no bolso. Viajei no trem que levava à universidade sem ter a passagem. Tive de abordar o bilheteiro:

— A situação é a seguinte. Você pode me permitir viajar sem o bilhete?

— Esta é a primeira vez que alguém me pede algo assim! As pessoas fogem, elas me enganam. Sim, você pode seguir viagem, e na estação da universidade eu ficarei na plataforma, de modo que ninguém incomode você.

Cheguei e fui diretamente falar com o vice-reitor, e lhe contei a história toda.

— Eu quero estudar filosofia, mas parece que não há liberdade nem mesmo para fazer essa escolha. Então, você terá de me dar todas as bolsas de estudo que tiver disponíveis, porque eu não poderei contar com nenhuma ajuda financeira. Caso contrário, vou estudar filosofia enquanto eu estiver jejuando... mesmo se isso me levar à morte.

— Não! Não faça isso, porque senão eu é que vou acabar apontado como o culpado. Eu lhe dou a bolsa de estudos.

Desde o início da infância, começamos a aleijar e eliminar as liberdades; tentamos criar uma criança que se ajuste aos nossos desejos.

Um missionário cristão certa vez me disse:

— Deus criou o homem à própria imagem.

— Isso é a base de todas as escravidões — respondi. — Por que Deus deveria criar o homem à própria imagem? Quem é ele? E dar ao homem a sua própria imagem significa que ele destruiu o homem desde o princípio.

E é isso o que todos os pais vêm fazendo.

O direito essencial do homem é ser ele mesmo.

E, numa sociedade humana autêntica, todo indivíduo deve ter a permissão de ser quem é — mesmo que não opte por se transformar no homem mais rico do mundo, mas queira ser apenas um tocador de flauta e mendigar pelas ruas. Mesmo assim, eu digo que a liberdade é muito valiosa. Você pode não ser o presidente do país, talvez seja apenas um mendigo tocando flauta nas ruas. Mas é você mesmo, e sente com isso uma profunda satisfação e uma autorrealização que, se você não a conhecer, terá perdido uma grande oportunidade.

O sétimo direito: uma Terra, uma humanidade.

Não vejo qualquer motivo para haver tantas nações. Por que deve haver tantas linhas traçadas num mapa, que, de fato, só existem ali? Lembre-se, fronteiras não existem na Terra; nem no céu. E o mapa é feito pelo homem. A existência não criou esta Terra em fragmentos.

Isso me lembra um de meus professores. Ele era um ser humano muito amoroso e tinha os próprios métodos de ensino. Era uma espécie de rebelde. Um dia, chegou em sala trazendo pedaços de cartolina, colocou-os sobre a mesa e disse à turma:

— Vejam, este é o mapa-múndi, mas eu o recortei em pedaços e os misturei. Aquele de vocês que sentir confiança para colocar os países no lugar certo, venha até aqui.

Um aluno foi e tentou, sem sucesso; um outro foi e também não conseguiu. Eu observava o professor e os alunos que fracassavam e por quê. Depois de cinco alunos não terem conseguido, fui até lá e desvirei todos os pedaços de cartolina. Ele perguntou:

— O que você está fazendo?

— Espere, estou tentando achar a resposta. Cinco alunos não conseguiram, mas já encontrei o segredo.

No outro lado do mapa-múndi havia a figura de um homem. Juntei as peças dessa figura, o que foi fácil. De um lado, a figura do homem; do outro, do mapa.

— Esta é a chave que eu vinha procurando, só estava esperando para ver se notava alguma pista. Enquanto os alunos mexiam nas peças, reparei que havia algo no verso das peças.

— Você é um malandro! — exclamou ele. — Achei que você seria o primeiro voluntário, mas, quando não se apresentou, percebi que estava só esperando para encontrar a solução. E encontrou mesmo.

O mundo está dividido porque o homem está dividido. E o homem está dividido porque o mundo está dividido.

Comece do ponto que preferir: simplesmente permita que a humanidade seja uma só, e as nações vão desaparecer, as linhas do mapa vão desaparecer. Este é o nosso mundo — uma só humanidade, uma só Terra, e podemos fazer dela um paraíso. Hoje, não há necessidade de descrever o inferno. Simplesmente olhe ao redor: ele está aqui.

Ouvi uma história. Um homem morreu. Ele era um ladrão, um assassino, um estuprador — pense num crime qualquer, ele cometeu. Quando os anjos chegaram para levá-lo, ele disse:

— Tenho certeza de que vocês estão me levando para o inferno.

— Não estamos.

— Como não?

— Você já estava no inferno; agora estamos levando você para o paraíso. O velho inferno já está vazio, pois você criou um inferno melhor, então todos os pecadores agora estão sendo enviados para lá.

Essa história me parece significativa. Olhando ao redor, o homem está em tamanha infelicidade e em tamanho sofrimento que parece não haver necessidade de um novo inferno.

Mas podemos alterar toda essa situação. Esta Terra pode se tornar um paraíso. Então, não haverá qualquer necessidade de um paraíso; o paraíso estará vazio.

O oitavo direito: a singularidade de cada indivíduo.

Um belíssimo mundo tem sido tão mal-usado que é difícil imaginar esta palavra: "igualdade". Alguns pensadores dizem que os seres humanos são iguais. E as Nações Unidas declaram que a igualdade é um direito do homem desde o nascimento. Mas ninguém se dá ao trabalho de dizer que os homens não são e nunca foram iguais. Isso vai contra a psicologia.

Cada ser humano é único. A partir do momento em que você é igual a alguém, vocês se tornam uma multidão. Sua individualidade lhe foi retirada. Você não é mais você mesmo, é simplesmente a peça de uma engrenagem.

Eu não ensino a igualdade ou a desigualdade, mas a singularidade. Cada indivíduo é único e deve ser respeitado em sua singularidade. Como cada indivíduo é único, seu direito inato deve ser o de ter oportunidades iguais para o desenvolvimento da própria singularidade.

Este é um fato tão simples e óbvio. Dois mil anos já se passaram, e ainda não surgiu um novo Jesus. Vinte e cinco séculos se passaram, e também não encontramos um novo Buda. E ainda assim continuamos dizendo que as pessoas são iguais? Cada pessoa é única, e todo indivíduo deve ser respeitado como um mundo em si mesmo. Ela não é nem inferior nem superior a ninguém. Cada um é único.

Nessa singularidade, há beleza. Você deixa de ser uma multidão. Passa a ser você mesmo.

O nono direito: um governo mundial.

Sou absolutamente contra governos, no plural. Sou a favor de um único governo para o mundo inteiro. Isso significa que não haverá mais a possibilidade de guerras e que não precisaremos mais manter milhões de pessoas nos exércitos sem necessidade. Elas podem ser produtivas, podem ser úteis, e, caso se misturem com o restante da humanidade, toda pobreza desaparecerá.

Neste momento, setenta por cento do Produto Interno Bruto de cada país é direcionado para o exército, e o restante do país vive com os outros trinta por cento. Se os exércitos desaparecerem, setenta por cento do Produto Interno Bruto estaria disponível. Não há necessidade de ser pobre, nenhuma necessidade de haver mendigos. Esses mendigos, esses etíopes são criação nossa. Por um lado, estamos criando grandes exércitos, e por outro estamos matando seres humanos de inanição. E esses exércitos não estão fazendo nada! São simplesmente assassinos profissionais, criminosos profissionais, treinados. Estamos lhes dando treinamento para matar. Falamos sobre humanidade, falamos sobre civilização, e mesmo assim 70% de nossa renda é direcionada para o assassinato.

Um governo mundial significa uma mudança tremenda, uma revolução. O mundo inteiro será beneficiado com isso.

Em segundo lugar, se houver um único governo mundial, este se torna meramente funcional. Hoje em dia, o governo não é funcional, ele tem um poder real. O presidente de um país, ou o primeiro-ministro de um país... em um governo funcional, as coisas serão diferentes. Ora, veja o gerente de uma agência de Correios: ele é uma pessoa funcional, não exerce nenhum poder.

Ele tem o seu trabalho, tem uma função, mas não tem nenhum poder. Não há necessidade disso. O homem que é diretor da companhia ferroviária de seu país, que poder ele tem? O homem que é diretor da empresa aérea do seu país, que poder ele tem? Isso tudo é funcional.

Se houver apenas um governo, ele automaticamente se tornará funcional. Neste exato momento, não pode ser, pois o medo de um pelo outro se retroalimenta: "Fortaleça os seus líderes, dê todo o apoio necessário aos líderes." Mas, se não houver guerras, não haverá a necessidade de alguém ter poder — a guerra é a causa do poder. E, a menos que a guerra desapareça do mundo, o poder não desaparecerá: eles estão juntos.

Um governo mundial funcional — como o da empresa de Correios, o da companhia ferroviária, o da companhia aérea — será eficiente, mas não terá poder. Será um belo mundo, no qual você não saberá quem é o presidente, quem é o primeiro-ministro — eles são funcionários seus. Neste momento, são seus patrões e, para manterem seu poder, precisam manter você sob um estado de completo medo. O Paquistão está se preparando para lutar com a Índia, com isso vocês precisam delegar todo o poder aos líderes indianos. A China está se preparando para atacar...

Adolf Hitler escreveu, em sua autobiografia, que, se a sua intenção é permanecer no poder, você deve manter as pessoas sempre com medo. E ele está absolutamente certo. Às vezes, os loucos também têm razão.

E o décimo direito: a meritocracia.

A democracia fracassou.

Já vivemos sob vários tipos de governo — aristocracia, monarquia, democracias urbanas — e agora estamos vendo o mundo inteiro apegado à ideia de democracia. Mas a democracia não resolveu nada; ela só fez aumentar os problemas. Foi devido a esses problemas que um homem como Karl Marx apoiou uma ditadura do proletariado. Não apoio a ditadura do proletariado, mas tenho um outro ponto de vista que vai muito além da democracia.

A democracia significa o governo pelo povo, do povo, para o povo — mas isso só acontece em palavras. A Índia tem hoje 900 milhões de pessoas. Como é possível que 900 milhões de pessoas tenham poder? Elas têm de delegar o poder a alguém. Portanto, não são as pessoas que governam, mas aqueles que são eleitos pelo povo. E quais são os critérios para a escolha? Como você faz para escolher? E você é capaz de eleger as pessoas certas? Já foi treinado e instruído para viver uma vida democrática?

Não, nada disso foi feito. As massas ignorantes podem ser exploradas com grande facilidade por coisas muito insignificantes. Por exemplo, Nixon perdeu a eleição para Kennedy, e a única razão para isso foi que a imagem de Kennedy na televisão era melhor do que a de Nixon; essa foi a análise feita por psicanalistas. Nixon se aperfeiçoou: ao descobrir isso, antes da eleição seguinte, ele se aprimorou; aprendeu como manter a postura, como caminhar, como se expressar, como se vestir. Até mesmo as cores das roupas fazem diferença na televisão. Se você aparece em vídeo vestindo branco, parecerá um fantasma. Razões arbitrárias... um indivíduo fala bem, é um bom orador. Mas isso não significa que ele será um bom presidente. Um homem fabrica bons sapatos — você acha que isso fará dele um bom presidente?

Isso aconteceu quando Abraham Lincoln foi eleito chefe de Estado. No dia de seu primeiro discurso diante do Senado, havia um sentimento de muita irritação e ressentimento entre as pessoas — pois o pai de Lincoln era um sapateiro, e o filho de um sapateiro havia derrotado os grandes aristocratas. Eles se sentiram ofendidos. Um dos arrogantes aristocratas não conseguiu tolerar aquilo. Antes que Lincoln começasse seu discurso, disse: "Espere um minuto. Você está me reconhecendo? Você veio algumas vezes à minha casa, acompanhado de seu pai, que fabricava sapatos para minha família. Você era ajudante dele." Todos os senadores riram. Ele estava tentando humilhar Lincoln.

Mas pessoas como Abraham Lincoln não se deixam humilhar. Ele disse:

— Eu fico imensamente grato por você ter me lembrado de meu falecido pai neste momento. Isso porque ele foi o melhor sapateiro do país, e eu sei que não sou capaz de ser o melhor presidente, assim como ele foi o melhor sapateiro. Meu pai ainda está comigo.

Quais critérios você usa? Como você faz para escolher?

É por isso que, a meu ver, o tempo da democracia já se foi. É necessário um novo tipo de sistema, baseado no mérito. Temos milhares de universidades no mundo todo. Por que massas comuns, mal instruídas e ignorantes elegeram pessoas que terão em mãos um tremendo poder durante cinco anos? E hoje esse poder é tão grande que o mundo inteiro pode ir pelos ares. A meritocracia significa que apenas as pessoas que foram qualificadas numa área específica devem estar aptas a votar em representantes dessa área. Por exemplo, somente os pedagogos e educadores devem votar para a escolha do ministro da Educação. Assim, você terá o melhor ministro possível. Para o ministro da Economia, você deve eleger alguém que entenda de finanças, alguém que entenda das complexidades da economia. Mas tal escolha só é possível entre pessoas qualificadas em economia, em assuntos financeiros — e há milhares de pessoas entre elas. Para cada um dos cargos, a pessoa eleita deve ser escolhida por especialistas. O ministro da Saúde deve ser eleito por todos os médicos, cirurgiões, peritos médicos e cientistas que trabalham na área médica. Desse modo, teremos a nata de nossos gênios e podemos depender dessa nata para fazer com que a vida de toda a humanidade tenha mais paz, mais alegria, mais riqueza.

É essa ideia que eu chamo de meritocracia. E, uma vez que vocês tiverem eleito essas pessoas, então elas poderão eleger o presidente e o primeiro-ministro. Eles serão os nossos gênios; poderão escolher o primeiro-ministro, o presidente do país, ou poderão escolher entre os membros do Parlamento. E para o Parlamento também devemos criar uma progressão.

Por exemplo, apenas pessoas que tenham, no mínimo, uma pós-graduação devem ter direito ao voto. O simples fato de chegar à maioridade não o torna capaz de eleger a pessoa certa. Quando se torna maior de idade, você não sabe nada sobre a vida e sobre suas complexidades. Um título de pós-graduação deve ser a exigência mínima para as pessoas que elegem os membros do Parlamento, do Senado [do Congresso]. Desse modo, podemos compor um governo de pessoas instruídas, refinadas, cultas. Antes que o governo mundial seja instalado, cada uma das nações deve passar por uma meritocracia. E, uma vez que tivermos desfrutado dos benefícios da meritocracia, tais pessoas poderão entender que, se pudermos submeter o mundo inteiro a um único governo, a vida certamente poderá ser uma alegria, que vale a pena ser vivida — não algo a que se deva renunciar, mas algo a ser festejado.

Até hoje, tudo o que aconteceu foi acidental. Nossa história até os dias de hoje não passa de uma história de acidentes. Temos de interromper esses ciclos. Temos agora de decidir que o futuro não será mais acidental. Ele será criação nossa; e criar o nosso mundo poderá ser a maior das criações.

A ONU e o "flagelo da guerra"

Osho,

No aniversário de 40 anos da ONU, o selo postal comemorativo dos Correios, de 1 centavo, estampava a seguinte mensagem: "Nós, povos das Nações Unidas, estamos determinados a livrar as próximas gerações do flagelo da guerra."

A ONU é capaz de livrar a humanidade da guerra?

A ONU só foi capaz de provar uma coisa nestes quarenta anos: que é tão impotente quanto a sua antecessora, a Liga das Nações.

Os membros da ONU são as pessoas que vão criar a Terceira Guerra Mundial. A ONU não tem poder algum para impedi-la; aquilo não passa de um clube de debates e, mesmo assim, não é dos melhores. E ela não é sequer democrática — grandes potências como os EUA e a Rússia têm o poder de vetar qualquer resolução. Uma única nação, EUA ou Rússia, pode vetar qualquer resolução aprovada pelo restante das nações do mundo. Isso é democrático?

Todas as nações, pequenas ou grandes, pobres ou ricas, devem ter direitos iguais! Em quarenta anos, a ONU não foi sequer capaz de fazer isso. Ela está simplesmente consolando as pessoas: "Não tenham medo, nós vamos salvá-los." Na verdade, vão nos salvar de quem? Eles mesmos são as pessoas de quem precisamos ser salvos!

A ONU não tem sido capaz de interromper o aumento do número de armas nucleares. Este deveria ser o primeiro passo se você não quiser a Terceira Guerra Mundial. Por que esperar até o último minuto? Por que não começar isso agora? E o passo elementar será que não está havendo nenhuma preparação para enfrentar a guerra. Quando todos estiverem preparados para lutar… na verdade, eles serão obrigados a lutar, simplesmente porque cada um dos países investiu muita energia e poder, e acumulou uma quantidade enorme de armas nucleares — o que as nações farão com todas essas armas? E eles despejaram uma imensa quantidade de dinheiro nisso. Quando é que a ONU vai pará-los? E a Rússia pode simplesmente vetar essa decisão, os EUA podem vetá-la.

Mas é assim que os políticos têm enganado a humanidade sem parar, ao longo de toda a nossa história. Dizem uma coisa e fazem o exato contrário. É muito fácil criar um selo postal com a mensagem "Nós, povos das Nações Unidas, estamos determinados a livrar as próximas gerações do flagelo da guerra". Quem são os "nós" dessa frase? Eles perguntaram às pessoas do mundo?

Ninguém no mundo quer a guerra com exceção desses políticos idiotas, porque sem a guerra eles não terão empregos. A guerra faz com que os políticos continuem sendo poderosos. As pessoas precisam depender dos políticos porque a guerra está prestes a acontecer.

Em *Minha luta*, sua autobiografia, Adolf Hitler apresenta alguns argumentos muito importantes. A primeira coisa que ele diz é que jamais, em toda a história, um grande líder nasceu sem que houvesse uma guerra. Isso é verdade. Se a Segunda Guerra

Mundial não tivesse acontecido, você nunca teria ouvido falar de Adolf Hitler, de Benito Mussolini, de Winston Churchill, de Roosevelt — todos eles se transformaram em grandes astros brilhando no céu. Claro que milhões de pessoas morreram para transformá-los em grandes líderes da humanidade.

O mesmo tem acontecido o tempo todo ao longo da história. O político quer estar no topo, o mais alto possível. Se houver paz, se não houver conflitos, nenhuma guerra e nenhum preparativo para a guerra, ele será simplesmente comum — talvez um pouquinho menos inteligente do que a pessoa média. Sua inteligência não é maior do que a do indivíduo médio; ela pode ser menor.

Antes da Segunda Guerra Mundial, a Liga das Nações fez a mesma promessa: "Vamos livrar o mundo da guerra." Mas essas foram as mesmas pessoas que lutaram na Segunda Guerra Mundial. E eu lhes digo: essas mesmas pessoas que são membros da ONU vão criar a Terceira Guerra Mundial.

Esses selos são vulgares. Por quanto tempo vão continuar enganando a humanidade? Já é hora de a humanidade entender o político e a sua astúcia. Nem mesmo a ONU é capaz de ser pacífica, debatendo de um modo amistoso. Digo que esse é apenas um clube de debates, e nem dos melhores, pois ali ninguém ouve ninguém. É uma Torre de Babel: cada um fala em nome do governo de seu país, de sua nação, de suas políticas, e não está disposto a ouvir mais ninguém.

Vocês sabem o que Kruschev fez na ONU? Na época, ele era o líder supremo da União Soviética e estava no meio de seu discurso na [Assembleia Geral da] ONU quando ficou tão irritado que tirou o sapato e começou a bater na mesa com ele! Uma grande história de quarenta anos — e não é uma história comum. Esse tipo de comportamento e as pessoas que se comportam de tal maneira podem impedir a Terceira Guerra Mundial? Então quem dará início a essa guerra? Será que eles acham que eu vou dar início à Terceira Guerra Mundial? Que os *sannayasins* mundo afora darão início à Terceira Guerra Mundial? Eles não foram capazes sequer de impedir Khrushchov de bater na mesa com seu sapato, gritando e berrando diante de todos na ONU.

Em quarenta anos, não conseguiram fazer nada, e isso é puro desperdício de tempo. O aniversário de 40 anos da ONU deveria ser celebrado como a morte dela, acabou! Não há sentido algum, eles não conseguem entrar em acordo. Mas a existência da ONU oferece às pessoas um conforto: "Não precisamos nos preocupar, a ONU está cuidando de nós." E a ONU é formada por nações beligerantes, que possuem armamento nuclear. Eles têm falado em colocar um fim nisso, mas é conversa fiada; nenhum deles faz isso.

Acho que já está na hora de as pessoas do mundo começarem a compreender o político e a sua hipocrisia, sua dupla personalidade, porque, se a Terceira Guerra Mundial acontecer, não haverá mais vida neste lindo planeta.

Não acredito em nada desta Declaração da ONU, mas tenho um programa para apresentar às pessoas.

Em primeiro lugar, não confiem em seus políticos. Não busquem consolação nas ardilosas estratégias deles.

Em segundo lugar, lembrem-se de que vocês serão destruídos junto com seus filhos, com sua esposa, com seus pais, com suas árvores, com seus animais e com tudo mais que estiver vivo na Terra.

Se as pessoas do mundo inteiro simplesmente se recusarem, dizendo: "Nós não vamos lutar, isso não faz sentido." Se elas se recusarem, dizendo: "Não queremos fronteiras..."

Se não vai haver guerras, por que manter as fronteiras? Que serventia elas têm? Se as pessoas de todo o mundo obrigarem seus governos, dizendo: "Dispensem os membros de seus exércitos. Permitam a essas pessoas que sejam criativas..."

Milhões de pessoas mundo afora, nos exércitos, simplesmente não estão fazendo nada. Na verdade, elas alimentam um grande anseio pela guerra. Elas não são meditadores que podem simplesmente se sentar em silêncio, sem fazer nada, deixando a grama crescer sozinha. São pessoas muito comuns. Mantê-las segurando armas, assistindo aos mísseis nucleares — por quanto tempo podem ficar assim? Mais cedo ou mais tarde, perceberão que é melhor dizer: "Estamos cansados, e entediados." Já é fato comprovado que, em tempos de guerra, as pessoas ficam menos tristes, mais empolgadas, mais felizes do que estão em tempos de paz, pois muita coisa está acontecendo. Cada momento lhes traz uma novidade; a empolgação é algo natural.

A história humana pode ser dividida em duas partes: na primeira, a guerra está acontecendo; na segunda, eles estão se preparando para uma nova guerra. Jamais houve um período de verdadeira paz. A preparação para a guerra é uma guerra fria. — Preparar-se, pois a última guerra nos tirou tanta coisa, destruiu tanto que precisamos nos preparar novamente. Dentro de um período entre dez e vinte anos, eles estarão prontos de novo. As armas estarão prontas, os inimigos estarão lá.

Se eles estão realmente falando sério, então vamos dar os passos preliminares: o primeiro é dissolver as fronteiras, eliminar passaportes e *green cards*. O mundo, o mundo inteiro é nosso. Não é da conta de ninguém nos impedir de irmos para onde quisermos estar. Que haja liberdade de movimento. Que todas as etnias, todas as nações possam se misturar. E, uma vez que não existirem mais fronteiras, elas se misturarão e se espalharão pelo mundo inteiro — todos os tipos de gente — e haverá um grande experimento de cruzamento de raças. Teremos melhores gerações no futuro.

Não basta livrar as futuras gerações da guerra se elas forem simplesmente cópias suas, em papel-carbono. Qual é o sentido disso? Se elas são cópias suas, farão o mesmo que vocês têm feito. É necessário um Novo Homem, um Novo Homem que sinta que a Terra inteira — e não pequenos fragmentos dela — é a sua mãe. Vocês compreendem? Chamam o planeta de "terra-mãe"*, mas ela foi cortada em tantos pedaços pequenos... sua mãe ainda está viva? Vocês estão carregando somente membros dela. Uma pessoa pegou a perna; a outra, a cabeça...

Isso me faz lembrar um mestre religioso. Ele tinha dois discípulos, assim como toda democracia tem dois partidos políticos. Tais discípulos competiam de todas as maneiras para receber do mestre a maior atenção. E a questão essencial era qual deles seria o sucessor do mestre, que estava envelhecendo. Então,

* No original, "*motherland*", que também traduzimos como "pátria". *[N. do T.]*

ambos davam o melhor de si para servi-lo, segui-lo e praticar a disciplina que o mestre lhes dera. Mas a motivação deles não era a disciplina nem os princípios; eles não tinham qualquer preocupação com o mestre.

Num dia de verão, o mestre dormia, e nenhum dos dois queria perder uma oportunidade. Então, ambos começaram a massagear as pernas do mestre. Naturalmente, ele estava cansado: acabara de chegar de uma longa viagem. Um deles massageava a perna esquerda, e o outro, a perna direita. O mestre continuava adormecido. O homem que lhe massageava a perna direita disse ao outro:

— Lembre-se: não vou permitir que você coloque a sua perna em cima da minha.

O outro respondeu:

— E você acha que eu vou permitir que você faça o mesmo com a minha perna? Se essa perna for colocada em cima da minha, eu vou cortá-la!

Na mesma hora, eles sacaram as espadas.

O mestre não estava realmente adormecido, nenhum mestre jamais está. Ele abriu os olhos e disse:

— Rapazes, estas duas pernas são minhas! Quem disse a vocês que a perna direita pertence a um de vocês e que a perna esquerda pertence ao outro?

Mas essa é a situação atual do mundo. A Terra-Mãe foi recortada em milhares de pedaços. As pessoas precisam ser despertadas para esse fato. Parar de chamar os Estados Unidos de "terra-mãe", parar de chamar a Alemanha de pátria. Você percebe a diferença? O mundo inteiro chama o seu país de "terra-mãe", com exceção da Alemanha: a terra deles é a pátria.* Isso não é coincidência, eles são mais chauvinistas do que todos os demais.

Pare com toda essa baboseira! E as pessoas podem fazer isso. Estou preparando vocês para espalhar o fogo pelo mundo, de que o mundo inteiro pertence a nós. E deixem que a ONU continue seus debates. Se eles quiserem brigar entre si no edifício da ONU, que organizem boas lutas de boxe. Isso é melhor do que atirar sapatos um contra o outro. E também será um ótimo entretenimento, assistir a lutas de seus grandes políticos! Mas, no que diz respeito à Terra, isso não será crucial.

As pessoas do mundo precisam retirar a responsabilidade das mãos dos políticos. E este será o primeiro passo: eliminar todas as fronteiras. E vejam quantas pessoas eles podem colocar na cadeia; não dá para colocar uma nação inteira na cadeia.

Todas as Constituições de países democráticos incluem, em sua lista de direitos inatos, o direito de ir e vir. Mas onde está esse direito? Você só pode se deslocar dentro do país. Eles lhe deram uma pequena corda para que você sinta que é livre, mas uma autêntica liberdade de movimento significa que qualquer pessoa possa ir a qualquer lugar na Terra. Ela poderá viver onde quiser; não deverá haver obstáculos. A eliminação de fronteiras nos trará um único mundo, e um único governo mundial e funcional.

A ONU não detém poder sobre coisa alguma. Eu sei disso... Em 1947, após a independência da Índia, o Paquistão invadiu a Caxemira, que era então território indiano, e apossou-se de uma grande extensão de terras. A Índia entrou em conflito com

---

* No original, "*fatherland*". *[N. do T.]*

o Paquistão. Aquilo poderia ter sido o início da Terceira Guerra Mundial, já que o território ocupado pelo Paquistão tinha um tamanho considerável e estava localizado entre o Paquistão e a China.

O Paquistão podia, agora, ter uma estrada — e hoje em dia eles têm tal estrada — que atravessa os Himalaias, chegando até Pequim. E a China deixou de ter relações diplomáticas com a Rússia. A China iria se aliar com os Estados Unidos, portanto aquele pedaço de terra tem um enorme significado.

E o que a ONU fez? Ela não pressionou o Paquistão, pois os Estados Unidos não queriam que esse território se perdesse, trata-se de um aspecto central em qualquer guerra travada na Ásia. Então, a ONU tomou uma atitude inútil. Eles disseram: "Primeiro parem com a guerra, criem uma linha de cessar-fogo." De um lado, exércitos indianos estão posicionados; do outro, exércitos paquistaneses. No meio de ambos está o campo de observadores da ONU, para se certificarem de que a linha de cessar-fogo não seja cruzada até que a disputa de territórios seja resolvida. Mas quem vai resolvê-la? Se você não é capaz de resolver uma questão tão simples em quarenta anos, quantos séculos serão necessários para resolver a Terceira Guerra Mundial?

Eles não podem resolver a questão, pois, se decidirem a favor do Paquistão, a Rússia vetará a resolução; a decisão será anulada. Se decidirem a favor da Índia, os Estados Unidos vetarão a resolução; a decisão também será anulada. Então, a questão está agora num limbo, e talvez continue num limbo para sempre, a menos que o meu pessoal tenha êxito na dissolução de todas as fronteiras; então essa linha de cessar-fogo também será eliminada.

E isso é puro desperdício! Milhares de pessoas posicionadas ali, em estado de prontidão, em ambos os lados. Basta que um maluco excêntrico comece a atirar para espantar o tédio... Quarenta anos...! Ele era jovem, hoje está velho e ficando senil. Só para se divertir, um homem começa a atirar de um dos lados, e então imediatamente ambos os exércitos começarão o conflito, e ninguém se importará com os observadores da ONU. Estes talvez sejam os primeiros a morrer.

Que credibilidade tem a ONU? Nenhuma. Sem ter a menor credibilidade, alegar que eles impedirão a Terceira Guerra Mundial é simplesmente fazer as pessoas de idiotas. Eles não podem impedir a guerra entre Índia e Paquistão, entre Paquistão e Bangladesh. Eles não podem impedir a guerra entre Israel e os países muçulmanos ao seu redor, pois estas duas grandes potências estão envolvidas em toda parte. Israel tem o apoio dos EUA, pois os partidos políticos americanos não sobrevivem sem a doação feita pelos judeus a seus partidos. Se quiserem contar com doações dos judeus, eles devem se alinhar a Israel. E a Rússia está por trás dos países muçulmanos, que são maiores e fazem vizinhança com Israel por todos os lados. E, desde a criação de Israel, a criança está acamada, já está quase morta, mas os EUA a mantêm viva por meio de ventilação mecânica. Se os Estados Unidos se retirarem dali, Israel será liquidada em menos de um dia.

Os EUA não podem se retirar, a Rússia não pode se retirar. Na verdade, esta é uma boa oportunidade; os EUA a criaram. Eles contam com a simpatia de uma ampla maioria de países muçulmanos em todo o Oriente Médio, pois de uma maneira ou de outra esses países precisarão de apoio. Todos eles são países do petróleo, e é por isso que os EUA hesitam e estão diante de um dilema: se eles derem um passo além, na direção do apoio a Israel, então todos os países do petróleo estarão nas mãos da Rússia soviética. E o petróleo é muito mais precioso do que o ouro.

Desde a sua fundação, a ONU não foi capaz de fazer nada — e mesmo assim essas pessoas têm a coragem de dizer que vão livrar o mundo de uma Terceira Guerra Mundial. Nem mesmo em pequenas guerras eles conseguiram isso: o que a ONU fez no Vietnã? Pessoas pobres foram assassinadas sem necessidade pelos norte-americanos. Os EUA não tinham de se meter em nada daquilo. O Vietnã pertence à população que vive ali, e, se eles querem ser comunistas, quem é você para impedi-los? Que direitos você tem? Na Coreia houve a mesma situação. O fracasso da ONU foi total, e o que me impressiona é que eles não sentem a mínima vergonha disso. E ainda afirmam que livrarão as gerações futuras da Terceira Guerra Mundial.

Só há uma coisa capaz de livrar o mundo de uma guerra iminente — que será, pela primeira vez, uma guerra total; todas as guerras anteriores foram brincadeira de criança. Esta destruirá todas as formas de vida da Terra. Árvores, pássaros, animais, o homem — tudo que estiver vivo simplesmente desaparecerá. Eu digo que há somente um jeito: espalhar mais entre as pessoas um estado meditativo, mais amor, mais amizade, mais alegria.

Se pudermos fazer com que a Terra cante canções e dance em alegria e em gratidão, pois a existência nos deu tanto... — se não tivesse dado, teria sido impossível comprar até mesmo um nascer do sol! Toda a riqueza da Terra não seria o bastante para poder comprar um nascer do sol. E o nascer do sol é uma coisa grande — toda a riqueza da Terra não bastaria para produzir uma única rosa, e tudo isso é dado ao homem sem que ele peça.

Você não merece isso, você não é digno disso tudo! É por causa da compaixão da existência, de sua transbordante alegria e contínua criatividade, que você é tão rico. Milhões de estrelas na noite... Faça com que as pessoas se conscientizem sobre sua gratidão em relação à vida, e faça-as amar, cantar, dançar. Se pudermos espalhar essa serenidade e tranquilidade mundo afora, conseguiremos impedir a Terceira Guerra Mundial. Não precisaremos nos preocupar com isso. Pessoas felizes não querem a guerra.

Somente os que já estão mortos desejam que todos os demais morram. Estão sofrendo, na verdade, porque já estão mortos. Eles não conseguem rir, não conseguem desfrutar, não conseguem amar, não conseguem sentir. Eles não têm coração, e os outros têm — isso os deixa com inveja, e será muito melhor que tudo acabe de uma vez. Pelo menos, não haverá mais razão para a inveja deles; eles também acabarão, juntos!

Portanto, não digo que há um modo direto de impedir a Terceira Guerra Mundial. É isso que os pacifistas do mundo dizem: "Protestem. Marchem a caminho de Washington, de Moscou." Mas ninguém dá ouvidos a tais marchas, e tenho visto esses pacifistas gritando e berrando contra a guerra. Não consegui perceber nenhuma diferença entre eles e as pessoas que estão se preparando para lutar; os berros deles são prova suficiente de que pertencem juntos à mesma categoria. Se esses pacifistas tivessem armas e mísseis, começariam uma guerra para impedir a Terceira Guerra Mundial — o modo como eles gritam, berram e atiram pedras simplesmente mostra que eles são do mesmo tipo de políticos nos quais estão jogando pedras. A única diferença é que os políticos têm poder; e eles não.

O fraco e impotente grita. O poderoso empunha sua arma, coloca seu exército em estado de alerta. Os pacifistas estão sempre protestando. Isso não ajuda ninguém. Ninguém dá ouvidos a seus protestos.

Eu conheci um homem... nesta cidade, minha casa era perto da Suprema Corte de Estado, então todas as marchas de protesto, todas as espécies de pacifistas passavam em frente à porta de minha casa. E eu ficava observando — o comportamento deles não me parecia pacífico. Eles me pareciam mais feios do que as pessoas da Suprema Corte. Mas fiquei impressionado ao perceber que naqueles protestos um homem sempre estava presente, fosse nos protestos do Partido Comunista, nos do Partido Socialista ou nos do Partido Trabalhista. E na Índia há tantos partidos... Ele estava sempre ali, com todos os partidos.

Um dia me aproximei dele e perguntei:

— Você é um homem impressionante. É membro de qual partido?

— E que importância tem isso? Sou membro de todos os partidos.

— Mas como isso é possível? Os comunistas são contra os socialistas, os socialistas são contra os comunistas. Como você pode ser de todos?

— A política deles não me interessa. Eu gosto de gritar! É uma coisa tão saudável... sempre que há um protesto, eu fecho as portas da minha loja e, seja de quem for o protesto, eu me coloco sempre à frente do grupo, empunhando uma bandeira. É uma coisa muito saudável.

— Sim, eu sei disso — falei. — O meu pessoal faz isso todas as manhãs, mas eles não estão protestando contra ninguém. É melhor que você comece a fazer a Meditação Dinâmica, porque tais protestos só acontecem de vez em quando, e então você fica dependente desses partidos políticos. Não há necessidade disso, você pode fazer sozinho.

— Sozinho?

— Não, não se preocupe...

Eu tinha um salão de meditação naquela cidade. E lhe disse:

— Muitas pessoas vêm aqui todo dia pela manhã.

E então ele começou a frequentar o lugar. Hoje ele é um *sannyasin*, acho que por nenhum outro motivo; simplesmente todos os dias, bem cedo pela manhã, é saudável gritar! Isso fortalece os seus pulmões, lhe dá um coração mais saudável, mais forte. Além disso, ele não precisa mais fechar sua loja; financeiramente, é vantajoso.

Não sou pacifista nem quero que meu pessoal seja pacifista. Isso significa brigar com aqueles que estão se preparando para a guerra, mas assim você estará fazendo a mesma coisa numa escala menor, de um modo feminino. Não, isso não vai ajudar. Nós queremos criar nosso próprio movimento, que nada tem a ver com a Terceira Guerra Mundial.

Você compreende meu ponto de vista? Se pudermos criar uma humanidade mais feliz, mais amorosa, mais silenciosa, mais pacífica, criaremos um obstáculo verdadeiro à Terceira Guerra Mundial. Os líderes não poderão ir [à guerra] sem o seu pessoal.

Se as pessoas se recusarem, se os exércitos se recusarem, se todos se recusarem, dizendo "Estou tão feliz, eu não quero morrer. E como eu amo a humanidade, não quero matar ninguém. Se você puder fazer isso sozinho, faça".

Um homem feliz e em paz não quer morrer e também não quer matar.

Recomeçar: caminhos para uma revolução da consciência

Há pessoas que nunca sonharam com um lindo futuro e que nunca experimentaram um estado de inocência, nem um pouco de paz, de amor, de beleza. Mas isso tudo tem sido destruído, distorcido, contaminado e envenenado por uma sociedade feia.

Isso tudo é apenas o poder em sua antiguidade. Mas agora o mesmo poder, essa antiguidade, começará a mostrar sua maior fraqueza. Ele só precisa de um pequeno empurrão. Esta sociedade já está morta; ela preparou seu túmulo com as próprias mãos e está parada em pé, à beira da sepultura. Você só precisa empurrá-la...

Nós temos de começar do zero. Adão e Eva novamente, o Jardim do Éden novamente... Um novo início.

Bravo, América?

Osho,

As últimas palavras que George Gurdjieff disse a seus discípulos foram "Bravo, América". Ouvi dizer que você reconhecia o valor das ideias de Gurdjieff sobre os Estados Unidos, mas nesse exato momento, da maneira que a burocracia e os políticos norte-americanos têm se comportado, parece que as palavras de Gurdjieff perderam a relevância.

Não, elas ainda são relevantes. Um homem como George Gurdjieff jamais se torna irrelevante. Pessoas dessa categoria são eternamente relevantes. Os políticos talvez estejam se comportando de um modo feio — é o único modo que eles conhecem —, mas os Estados Unidos não se resumem aos políticos norte-americanos.

As últimas palavras que George Gurdjieff disse antes de morrer foram "Bravo, América". Seus discípulos tiveram dificuldade de compreender isso. Durante sua vida toda eles tiveram problemas com esse homem e, agora, no final... ninguém esperava que as últimas palavras dele pudessem ser "Bravo, América". E ele já está morto, não há como você lhe perguntar "O que você quis dizer com isso?". Mas o que ele disse é significativo e vai além da compreensão de um intelecto comum.

Os Estados Unidos são o país mais jovem do mundo: têm apenas 300 anos de existência; isso não é nada comparado às histórias da China e da Índia. Na Índia, 300 anos não significam nada. Os astrólogos indianos já provaram — e ninguém conseguiu contradizê-los — que a civilização indiana tem, no mínimo, 90 mil anos. No Rigueveda, o livro mais antigo do mundo, uma certa constelação de estrelas foi descrita em minúcia. A constelação parece ter 90 mil anos, segundo os cientistas. Desde então, não tivemos mais esse tipo de configuração. Não é possível que as pessoas que escreveram o Rigueveda tenham descrito as estrelas e suas constelações com tamanha precisão e detalhe sem que eles as tivessem observado. Argumento nenhum é capaz de contestar tais provas. Para um país que tem 90 mil anos de existência... o que significam 300 anos? E a China talvez seja ainda mais antiga.

A declaração de Gurdjieff significa, em primeiro lugar, que os Estados Unidos não carregam o fardo do condicionamento do passado — esse é um aspecto. Essa é uma camada muito fina de condicionamento, 300 anos em comparação com 90 mil. Mudar a mente hindu é quase impossível. Ela é tão antiga, tão espessa; as raízes penetram fundo nela. Mas o condicionamento da mente norte-americana é superficial — o que possibilita aos Estados serem desprogramados, e os norte-americanos se tornarem os primeiros cidadãos de um novo mundo. Quando disse "Bravo, América", Gurdjieff talvez tivesse em mente a expressão "Admirável mundo novo".*

* No original, "*Brave New World*", título de livro de Aldous Huxley, que, por sua vez, é a citação de um verso de *A tempestade*, peça de Shakespeare. *[N. do T.]*

Em segundo lugar, os Estados Unidos são o único país onde todos os tipos de povos — espanhóis, italianos, ingleses, alemães, suecos, belgas, suíços — se misturaram. Eles não são uma raça; são mais cosmopolitas do que qualquer outro país. O homem do futuro tem de ser cosmopolita. Ele não pode ser italiano, alemão, indiano ou africano. Não, ele só pode ser um ser humano. E é mais provável que isso aconteça nos Estados Unidos. Todos os demais países são raciais; os Estados Unidos são um país não racial; essa é uma tremenda oportunidade de criar um novo mundo sem qualquer mente racializada.

Em terceiro lugar, os Estados Unidos são mais receptivos a novas ideias, a novas tecnologias e a novas pesquisas científicas do que qualquer outro país, pela simples razão psicológica de que uma criança não tem passado, só tem futuro. É por isso que ela está sempre pronta para aprender — na verdade, ela faz muitas perguntas porque quer saber em que consiste a vida. Ela atormenta os pais fazendo perguntas que eles não sabem responder. Eles também não sabem as respostas e não têm a coragem necessária para assumir isso.

Um homem velho não tem futuro, somente passado. O velho olha para trás, não para a frente. No futuro há somente escuridão e morte, no passado estão suas lembranças douradas; ele habita no passado. O mesmo se aplica aos países. Um país como a Índia ou a China tem um longo passado — eles vivem no passado.

A Índia considera que já teve sua era dourada. Você talvez não acredite que na Índia a teoria da evolução não seja aceita. A Índia tem uma outra teoria: a teoria da involução. As coisas não estão se movimentando, crescendo na direção de um estado melhor, evoluindo — não. Estão decaindo — a involução. A Índia tem o conceito de que a melhor das eras aconteceu milhares de anos atrás; eles a chamam de "era da verdade". Começou então a segunda fase, e a queda veio em seguida. Eles a chamam, simplesmente, de "era das três pernas", porque comparam a primeira idade a uma mesa de quatro pernas — em total equilíbrio, sem possibilidade de cair. A segunda fase perdeu uma perna, então é um tripé com três pernas — ainda não é mau, pois, mesmo com três pernas, um tripé mantém certo equilíbrio. A terceira fase eles chamam de *dwapar* — a era das duas pernas — não é uma bicicleta, está fadada a cair. A bicicleta também cairá, a menos que você siga pedalando, para impedir a queda. Você desacelera, e ela começa a cambalear; você para, e ela cai. Mas, como uma mesa não é uma bicicleta, está fadada a cair. A queda é inevitável. A quarta fase tem apenas uma perna. Elas a chamam de "era da escuridão" — e *kaliyuga*. Estamos vivendo nela.

Ora, um país que pensa nesses termos não pode aceitar a evolução. Esta já aconteceu, e agora não há futuro. A era dourada veio e se foi; agora, há somente escuridão e morte.

Os Estados Unidos são como uma criança. Trezentos anos comparados com 90 mil anos — [o país] é simplesmente uma criança. Ela mantém os olhos abertos, está pronta para evoluir, para crescer. Não tem um passado com que precise se preocupar. Gurdjieff ainda é relevante e permanecerá assim para sempre. Pessoas como ele jamais caem no ostracismo. Apesar de seus políticos de quinta categoria, os Estados Unidos vão evoluir até chegar ao novo homem, até chegar a uma nova humanidade.

Não quero que Gurdjieff se torne irrelevante. A sua profecia precisa ser realizada.

Agora ou nunca

Osho,

Você disse que o homem realmente inovador surge duzentos anos à frente de seu tempo. E também disse que o tempo é elástico. Não foi escolha sua vir precisamente agora, antes desses tempos caóticos que o mundo está enfrentando, de modo que as pessoas sejam mais receptivas a uma mudança radical? E a tecnologia das comunicações, que está cada vez mais rápida, não está fazendo com que o mundo se torne menor para que a sua mensagem se espalhe? Levará, de fato, duzentos anos para que a humanidade se mostre aberta às suas ideias?

Estamos vivendo numa época muito especial. Não temos duzentos anos à nossa disposição. Se o homem não compreender minha mensagem agora, daqui a duzentos anos não haverá homem capaz de compreendê-la. Duzentos anos é um tempo muito longo; até mesmo vinte anos...

A humanidade nunca esteve num momento mais decisivo do que o de hoje. Houve guerras — milhares de guerras —, mas elas não destruíram todas as formas de vida. Na Antiguidade, guerras eram quase como partidas de futebol. A maior das guerras na Índia — [narrada no] *Mahabharata* — aconteceu há cerca de cinco mil anos, e isso lhe dá a ideia [do que esse conflito representou], pois essa é a única guerra da Índia descrita em detalhes tão minuciosos. Apenas uma família e dois irmãos: um irmão, que estava doente, tinha cinco filhos; o outro irmão era cego, mas tinha cem filhos. Ele deve ter tido muitas esposas — conseguir gerar cem filhos de uma única mulher é quase impossível. Ora, a pergunta que se colocava era: quem será o sucessor? Os cinco irmãos eram muito inteligentes, corajosos, treinados em inúmeras artes marciais. Um deles era um grande arqueiro; outro era um grande lutador; o mais velho era um homem muito inteligente. Mas os cem irmãos eram todos aquilo que você chamaria de "*bad boys*" — de modo que todos queriam que o reino fosse herdado pelos cinco irmãos, e não pelos cem malandros; mesmo não tendo nenhum poder, eles continuavam a atormentar as pessoas. Mas, como não estavam dispostos a concordar tão facilmente, a decisão teve de ser tomada por meio da guerra — aquele que ganhasse teria a posse do reino.

Ora, aquela era uma guerra de família, e eles convidaram todos os amigos, todos os parentes — e todos eles estavam inter-relacionados. O avô, embora amasse aqueles cinco filhos, decidira apoiar os cem filhos pelo simples fato de que o pai dos cinco era um homem doente, e um homem doente não teria condições de governar. Então, o reino já tinha sido transferido para as mãos do irmão que tinha cem filhos, e devolver o reino ao outro grupo não seria justo; embora o avô amasse aqueles cinco e odiasse aqueles cem, ainda assim apoiava estes cem.

No fim da tarde, ao pôr do sol, a guerra era interrompida, e eles visitavam uns aos outros, na área do adversário. Durante o dia todo, eles matavam uns aos outros; à noite, jogavam cartas e faziam fofocas sobre os acontecimentos daquele dia. Foi uma guerra totalmente diferente. Os homens estavam diretamente envolvidos, mas apenas os soldados tinham de lutar; os civis, não. Nós sobrevivemos a milhares de guerras desse tipo.

Mas estamos hoje numa época bastante excepcional. Uma guerra nuclear significa simplesmente a destruição total — um suicídio global. Ninguém sairá derrotado, ninguém sairá vitorioso — todos vão morrer. E não apenas o homem: pássaros, animais, árvores, todo ser vivo sobre a Terra morrerá. E ambas as grandes potências, EUA e Rússia, continuam a acumular mais e mais armas nucleares. A Rússia mostrou uma sensibilidade maior: percebendo que hoje nós temos tantas armas nucleares que cada pessoa poderia ser morta setecentas vezes — embora não haja necessidade de matar ninguém setecentas vezes, uma só já basta —, a União Soviética mostrou uma inteligência muito maior do que Ronald Reagan. Em primeiro lugar, eles se empenharam muito no argumento de que devemos parar de acumular armas nucleares — não faz sentido desperdiçar dinheiro com isso —, mas Reagan não estava disposto a negociar. Assim, por conta própria, a União Soviética interrompeu a fabricação de armas nucleares durante vários meses. Eles pararam, mas os Estados Unidos continuaram acumulando armas.

O perigo é tão grande que, se o homem sobreviver, será um milagre. Portanto, não temos tanto tempo assim. Pela primeira vez, o futuro é muito breve. Portanto, durante o tempo de vida de cada um de vocês, o momento decisivo chegará: ou o homem cometerá suicídio ou então, percebendo o completo absurdo disso, poderá mudar a sua consciência. Muitas vezes acontece de as pessoas mudarem quando estão sob pressão — e nunca mais haverá uma pressão maior do que a que estamos sentindo nos dias de hoje.

É altamente provável que o homem passe por uma transformação. Nesse sentido, minha mensagem está chegando no momento exato: as nações devem desaparecer, porque elas é que lutam; as religiões devem desaparecer, porque elas é que lutam. O conceito de raças — de superioridade e inferioridade — deve desaparecer, já que essa tem sido uma das causas das guerras. Este é o tempo ou bem de destruir a Terra inteira, ou de destruir essas concepções arbitrárias de nação, raça e religião, de fazer da Terra inteira uma só humanidade.

Mas há um ponto em que discordo de você. Você perguntou: "Não foi escolha sua vir precisamente agora, antes desses tempos caóticos que o mundo está enfrentando?" Eu não escolhi coisa alguma. Talvez a existência tenha me escolhido para ser um veículo para lhe transmitir a mensagem — mas eu mesmo não escolhi. Eu desapareci muito tempo atrás... e a existência pode falar através de você somente quando você não existe mais. Trata-se de uma expectativa contra a outra — mas eu ainda espero que o risco da morte global seja o choque que despertará os homens. Se o homem sobreviver a este século, haverá um novo homem e uma nova humanidade.

Uma coisa é certa: o homem terá ou de morrer ou de mudar. Não consigo imaginar que escolherá morrer. O anseio pela vida é tão grande... só de pensar em uma Terra morta, sem árvores, sem a humanidade, sem pássaros, sem animais, sem os seres do mar; esta é uma crise tão grande... Pois no universo inteiro... é somente uma hipótese dos cientistas, o fato de que deve haver vida em cinquenta mil planetas, não há provas absolutas disso. Essa é uma conclusão matemática e lógica, isso não tem comprovação científica. Até onde sabemos, somente esta Terra é verde, somente esta Terra tem flores, somente esta Terra tem amor. Somente esta Terra produziu pessoas como Gautama Buda, somente esta Terra tem pássaros que cantam, pessoas que dançam, pessoas que amam.

Este é o único lugar em todo o universo onde as pessoas buscam a verdade. Destruí-lo sem que haja o menor motivo é de tamanha idiotice que me leva a achar que a Terceira Guerra Mundial não vai acontecer. E, se não acontecer, isso significará uma grande mudança, uma mudança gigantesca na consciência humana. Teremos um Novo Homem — que não é cristão, nem hindu, nem judeu, nem chinês, nem americano. Se todas as árvores podem existir sem ser cristãs ou hindus; se todos os pássaros podem existir sem nenhuma fronteira entre as nações... E, quando um pássaro atravessa a fronteira da Índia e entra no Paquistão, ele não precisa de um visto de entrada, não precisa sequer de passaporte! Com exceção da humanidade, a Terra é uma só. E esta é somente uma questão de elevar a consciência humana.

As nações podem desaparecer, as religiões, as discriminações... tudo pode desaparecer. Com isso, muita baboseira desaparecerá. Os políticos não terão qualquer serventia; os padres não terão qualquer serventia; igrejas, templos e mesquitas não terão qualquer serventia. Há milhões de pessoas sem lar; e Deus, que não passa de uma mentira, tem milhões de casas para si. Temos vivido de um modo insano, e agora podemos escolher entre a insanidade e a sanidade.

Se a insanidade vencer, não haverá mais vida nenhuma. Se a sanidade vencer, pela primeira vez a vida ficará livre de todas as superstições, de todas as fronteiras, de todas as divisões — uma única humanidade, uma única Terra. Liberdade de expressão, liberdade de movimento, liberdade para escolher onde você quer viver.

Esta é a nossa Terra.

Todas as mulheres deveriam tentar impedir a guerra

Osho,
As mulheres são capazes de fazer mais do que os homens pela paz no mundo?

As mulheres certamente são capazes de fazer mais do que os homens pela paz no mundo, porque os homens lutam nas guerras, mas as mulheres é que sofrem com elas. O filho de alguém morre, o marido de alguém morre, o pai de alguém morre, o irmão de alguém morre... os homens lutam nas guerras, mas as mulheres é que realmente sofrem.

Você ficará surpreso ao saber que, sempre que um exército invade um país, ele mata os homens e estupra as mulheres. Isso é muito estranho. Mesmo aqui, há uma diferença. Eles matam os homens... mas estão carregados de sexualidade, de sexualidade reprimida; todos os soldados são sexualmente reprimidos. Soldados e monges: eis as pessoas mais sexualmente reprimidas no mundo.

A mulher é a vítima: ela é estuprada. E isso tem acontecido há milhares de anos.

A mulher é capaz de fazer muita coisa se lhe for concedido um direito igual nas decisões tomadas sobre a vida, sobre a guerra ou sobre o que for. Ela não tem como ser a favor da guerra, e deveria haver um movimento feminino contra a guerra — esta pode ser uma brincadeira dos homens, mas por que é que as mulheres têm de sofrer por causa disso?

E lembre-se: metade da humanidade é formada por mulheres. Se metade da humanidade for contrária à guerra, será impossível provocar uma nova guerra no mundo. E a mulher pode combater todos os esforços que se faz contra a paz de várias maneiras.

Todas as mulheres deveriam tentar impedir a guerra.

Na Antiguidade, o homem ensinou à mulher que, quando ele partisse para a guerra, ela não deveria chorar, se lamentar. Pelo contrário, a mulher deve despedir-se do marido com alegria, com uma prece em seu coração para que ele volte vitorioso. Mas, do lado adversário, outra mulher estará se despedindo do marido com a mesma prece, feita ao mesmo Deus.

Se as mulheres decidirem: "Não permitiremos que nossos filhos sejam enviados à guerra, não permitiremos que nosso marido seja enviado à guerra, não permitiremos que nossos irmãos sejam enviados à guerra; lutaremos com todas as nossas forças para que nenhum parente nosso seja enviado à guerra." Se todas as mulheres tomarem essa decisão, ninguém será enviado à guerra. Trata-se de uma ideia simples, que só precisa se espalhar.

Hoje, você recebe ordens para fazer exatamente o contrário. Na Segunda Guerra Mundial, as mulheres teciam roupas, blusas e casacos de lã para os soldados. E não apenas isso: chegavam a oferecer o próprio corpo a soldados desconhecidos pelo fato de eles estarem lutando por seu país — e isso era tido como grande virtude.

O homem é muito ardiloso: é capaz de considerar qualquer coisa como uma virtude sempre que esta servir a seus propósitos;

caso contrário, isso será considerado um vício — esta mesma coisa! O assassinato de um único homem é punido com a pena de morte. O assassinato de centenas de pessoas... Pelo assassinato [das populações] de Hiroshima e Nagasaki, o presidente Truman deveria ter sido imediatamente enforcado, de modo que nenhum outro político jamais tentasse novamente coisa tão terrível como aquela. Em cinco minutos, 200 mil pessoas morreram — e sem nenhum motivo, só porque o presidente Truman quis fazer um experimento com as bombas atômicas. Usar 200 mil pessoas como cobaias...?

A mulher simplesmente tem de combater isso em sua família. Se cada mulher combater isso na própria família e não permitir que nenhum parente seja enviado à guerra, todos os exércitos desaparecerão. Obrigue as pessoas a voltar para casa, a sair do exército. "Não queremos que vocês ganhem medalhas, queremos que vocês vivam uma vida humana em meio a seres humanos."

A mulher nunca foi a favor da guerra. Sua vida inteira é destruída por esta, somente em paz ela é capaz de desabrochar. A consciência das mulheres precisa ser elevada. Milhões de homens a apoiarão, milhões de *sannyasins* a apoiarão, e milhões de pessoas com um mínimo de inteligência a apoiarão.

Simplesmente abandone os políticos. Se eles quiserem, que organizem uma luta livre, uma luta de boxe, o que bem entenderem. "Matem-se uns aos outros, não nos importamos!" Permita que eles satisfaçam o próprio instinto de luta. O presidente dos EUA pode lutar contra o presidente da União Soviética numa luta livre, e o mundo todo poderá assisti-los pela televisão e apreciar o combate. Seria um ótimo entretenimento! E quem se importará com quem será o vencedor ou o perdedor? Isso não causará prejuízos a mais ninguém.

Na verdade, as pessoas que criam a guerra não participam dela; todos os grandes generais permanecem na retaguarda. Somente os pobres soldados é que lutam e são mortos. E, quando a vitória é declarada, a vitória é dos generais — o general Eisenhower saiu vitorioso, ou o general MacArthur saiu vitorioso —, e tais pessoas não estiveram no combate. Eles se esconderam na retaguarda, e por trás deles estavam seus presidentes e primeiros-ministros. Esse é um jogo muito estranho. Você quer lutar, e então envia, sem necessidade, outras pessoas que não querem lutar, para destruírem umas às outras.

Uma consciência global precisa ser despertada, de modo que os soldados — mesmo se forem soldados de carreira — possam ir à guerra somente para jogar conversa fora com seus adversários, e então voltar... vejamos, então, o que acontece. Não haverá necessidade de atirar em ninguém, não haverá necessidade de matar ninguém. Vocês podem jogar um baralho, fazer o que quiserem o dia inteiro e então voltar para casa à noite.

O homem precisa ser alertado de que a guerra é uma coisa tão feia que não combina com a inteligência — isso só revela uma mente bastante doente; é algo animalesco. As mulheres decerto podem ajudar imensamente.

Uma tecnologia mais humana

Osho,
Com o uso da tecnologia moderna, sinto que estamos agredindo este planeta vibrante e imensamente rico com o lixo dos plásticos, com a radioatividade, com a poluição do ar, e assim por diante. Você poderia comentar?

Essa é uma das perguntas mais complicadas... É verdade: "Com o uso da tecnologia moderna, estamos agredindo este planeta vibrante e imensamente rico com o lixo dos plásticos, com a radioatividade, com a poluição do ar, e assim por diante." Há duas respostas possíveis.

Uma delas é a de Mahatma Gandhi: voltar no tempo até o momento em que toda a tecnologia moderna seja abandonada — algo que, na superfície, parece correto. Se a tecnologia moderna está criando uma crise ecológica na Terra, afetando o equilíbrio da natureza, então abandoná-la e voltar no tempo será uma solução simplista.

Mas você precisa entender que, nos tempos de Gautama Buda, 25 séculos atrás, a Índia tinha apenas 20 milhões de pessoas. A Terra era suficiente para sustentá-las. Hoje, a Índia tem, sozinha, mais de 900 milhões de habitantes. Se você quiser voltar aos tempos de Gautama Buda, terá de matar, ou deixar que morra, a maior parcela dessa população. E, uma vez que somente 20 milhões de pessoas tiverem sido salvas, e o restante de tais 900 milhões estiver morto diante de você... acha que os 20 milhões terão condições de viver? E a população continua crescendo... Até o final do século XX, a Índia já terá crescido 50% novamente. Isso significa que teremos 1,3 bilhão de pessoas — de quase 900 milhões, passaremos a ter 1,3 bilhão de pessoas.*

É por isso que discordo de Mahatma Gandhi em todos os aspectos. Ele fala sobre a não violência, mas não se trata disso. Nenhuma medida pode ser mais violenta do que essa. Nenhuma guerra destruiu tantas pessoas como o que seria causado com esse tipo de destruição, sem que haja nenhuma guerra. E é impossível viver em meio a cadáveres empilhados ao seu redor; não haverá ninguém para fazer o funeral ou para enterrá-los. Tantas pessoas morrendo com tal rapidez fará com que o restante das 20 milhões de pessoas também morra; os cadáveres putrefatos criarão milhares de doenças e infecções.

Mahatma Gandhi achava que deveríamos parar a tecnologia no ponto em que a roda foi inventada. A roda foi inventada há cerca de dez mil anos, talvez até antes disso. A população era tão pequena, e a Terra, tão grande. A Terra oferecia tanto às pessoas que elas não tinham sequer a capacidade de absorver tudo; a maior parte era desperdiçada.

Portanto, essa é uma solução que ocorreu a Mahatma Gandhi a partir das ideias de Liev Tolstói, que também se opunha à tecnologia moderna. Mas não consigo dar meu apoio a ela, porque isso significa não ter trens nas ferrovias, não ter hospitais, não ter

---

* As previsões de Osho não se revelaram exatas, mas sua margem de erro foi pequena: segundo o site macrotrends.net, a população da Índia no ano 2000 era de 1,05 bilhão de habitantes; em 2022, passou a 1,4 bilhão de habitantes. *[N. do T.]*

cirurgias, não ter a medicina, não ter serviços de correio, não ter telecomunicações, não ter eletricidade — e tudo isso já se tornou parte da vida. Não há como alguém se imaginar vivendo sem eletricidade! Certa feita, houve um apagão nos Estados Unidos. Durante três dias, as pessoas ficaram desnorteadas, pois os elevadores não funcionavam, e subir as escadas de um arranha-céu, que geralmente tem cem andares, bastava para deixar todos esgotados. Pela primeira vez, naqueles três dias em Nova York, as pessoas se deram conta de que não há como abandonar a tecnologia.

Eu tenho uma alternativa. A culpa não é da tecnologia moderna; o problema é que ainda não está muito claro para nós o que esperamos obter dela e o que não queremos. O cientista tem feito descobertas quase às cegas, e passamos a usar todas as coisas por ele descobertas sem considerar as consequências disso.

Voltar no tempo é impossível, além de uma idiotice, o único caminho possível é seguir em frente. Precisamos de uma tecnologia melhor — melhor do que a tecnologia moderna — a fim de que possamos evitar o lixo plástico, que cria problemas ecológicos. O cientista precisa estar muito alerta ao fato de que tudo o que faz deve se tornar parte intrínseca de um todo orgânico; a tecnologia não deve ir na direção contrária à do todo. E isso é possível, pois a tecnologia não conduz você a algum lugar específico; é você que continua fazendo descobertas às cegas. Hoje está claro que, de tudo o que já descobrimos, a maior parte afeta a harmonia e acabará um dia destruindo a vida na Terra — mesmo assim, os cientistas continuam criando armas nucleares. Eles não têm coragem de dizer aos políticos: "Basta. Não somos escravos. Não podemos criar algo que possa destruir a vida."

Os cientistas do mundo devem buscar um consenso juntos. Eles devem criar uma Academia Mundial de Ciências que decida o que precisa ser descoberto e o que não deve ser descoberto. Se uma descoberta estiver equivocada, ela deve ser imediatamente escondida. Precisamos de uma tecnologia superior, mais iluminada. Nesse ponto, eu discordo de Mahatma Gandhi, que quer andar para trás, onde não há nada senão a morte. Eu caminho para a frente. A tecnologia está em nossas mãos; não somos nós que estamos nas mãos da tecnologia. Podemos abandonar todas as coisas que são perigosas, venenosas, e podemos descobrir substitutos que aperfeiçoem a ecologia, a vida do homem, as suas riquezas exteriores e interiores, trazendo equilíbrio para o mundo.

Mas não vejo ninguém, em parte alguma do mundo, promovendo a defesa de uma tecnologia mais sofisticada, mais iluminada. Às vezes me pergunto: são milhões de pessoas, milhares de excelentes cientistas — estão todos cegos? Não conseguem enxergar que o que estão fazendo está cortando suas próprias raízes? E, se a tecnologia é capaz de fazer milagres — o que já conseguiu, caminhando rumo à destruição —, ela também é capaz de fazer milagres, caminhando rumo à criatividade.

Qualquer descoberta que seja uma perturbação para a natureza deve ser abandonada. Mas eu não vejo a eletricidade como um perigo ambiental; não acho que ferrovias ou aviões estejam prejudicando a ecologia; tampouco que telegramas inocentes ou serviços postais tenham de ser eliminados. Isso seria se deslocar para o outro extremo. É assim que a mente humana funciona: como o pêndulo de um relógio, movendo-se de uma extremidade à outra. Ela nunca para no meio. Eu quero que a consciência humana pare exatamente no meio, de modo que possa enxergar os dois lados. É certo que não podemos apoiar a destrutividade, e a energia usada na criação de coisas destrutivas deve ser transformada em criatividade. Mas não há como seguirmos o caminho de Mahatma Gandhi. Sua ideologia acabará se revelando mais perigosa do que a tecnologia moderna já se mostrou. A tecnologia moderna talvez ainda precise de centenas de anos para destruir todas as coisas. Mas, se seguirmos Mahatma Gandhi, em menos de um dia, tudo o que conquistamos em milhares de anos será destruído. Você não teria água quente no banheiro — isso depende da tecnologia moderna. É verdade que ela poluiu o ar, mas a culpa é nossa, não dela. Se tivéssemos insistido na ideia de que o petróleo deveria ser refinado a um ponto tal que não causasse poluição, e que todos os carros deveriam ter dispositivos para purificar o ar dos danos causados pelo combustível, teríamos mantido o equilíbrio.

Mas, de certo modo, isso era natural. Você só conhece algo depois que o fato ocorreu. Ninguém tinha ideia de que a ida à Lua criaria buracos perigosos na camada protetora que envolve a Terra. Há uma camada sutil e invisível de ozônio 35 quilômetros acima da superfície, envolvendo o planeta inteiro. Ela nos tem protegido ao não permitir a entrada completa dos raios do Sol, apenas os que são úteis para a vida, para as árvores, para os seres humanos — ela barra os raios destrutivos. Quando nossos primeiros foguetes ultrapassaram essa espessa camada, criaram buracos; com tais buracos, as camadas protetoras enfraqueceram. Todos os raios solares podem agora penetrar através deles, o que causou muitas doenças até então desconhecidas.

Mas hoje, se quisermos ir à Lua, já podemos tomar providências. Para começar, isso é uma coisa lunática: somente pessoas que em alguma medida são loucas querem ir à Lua. Para quê? Ali não há água, vegetação ou ar respirável. Que sentido tem isso tudo? Os especialistas militares talvez fossem os únicos realmente interessados na conquista da Lua — pois, caso os EUA a conquistassem, ela poderia ser transformada numa base de lançamento de armas nucleares contra a Rússia; e, caso a Rússia conquistasse a Lua, ela se tornaria território russo. Mas, mesmo que você queira ir à Lua, deve ter cuidado para não criar tais buracos. E, se os continuar criando, deve tomar imediatas providências para que eles sejam tapados novamente, de modo a impedir os raios solares destrutivos de alcançar a Terra.

Uma coisa deve ser lembrada: o homem só pode caminhar para a frente; não há caminho de volta. E não faz sentido retroceder. É somente na imaginação das pessoas que, no passado, quando não havia tecnologia, tudo era lindo e bom. Isso está absolutamente errado.

Não devemos olhar para a tecnologia apenas pelo lado negativo. Na Índia, no século XIX, dentre dez crianças, nove não chegavam à idade adulta. Hoje, a situação se inverteu: graças ao avanço da medicina, só uma em cada dez crianças morrem de forma precoce. As roupas que você veste, casas melhores, casas mais leves e mais bonitas; não há mais a necessidade de usar materiais pesados e caros. A tecnologia está predestinada a criar alimentos melhores, mais equilibrados, que lhe deem todas as vitaminas necessárias, além de serem mais saborosos. A tecnologia também tem seu lado bom. Mas, se você abandonar toda a tecnologia moderna, como Gandhi propôs, estará caindo de volta à era das trevas, e esta será a maior violência cometida com a Terra — e estimulada pelo homem que considerava que sua filosofia era não violenta.

Mas algo precisa ser feito. Até hoje, a tecnologia só esteve tateando. Agora, podemos dar a ela uma direção e abandonar tudo que é destrutivo para a ecologia, para a harmonia, para a natureza e para a vida. Sou totalmente a favor da tecnologia — mas de uma tecnologia melhor, mais humana.

Da vingança à compaixão

Osho,

Que sugestões você daria para aperfeiçoar as leis e os sistemas jurídicos que existem no mundo hoje, de modo a torná-los mais eficazes e duradouros?

Eu gostaria de começar contando uma pequena história, que se passou 25 séculos atrás, na China. Era uma vez um homem sábio, Lao Tzu. O imperador da China o nomeou Juiz Supremo de todo o Império. Mas Lao Tzu tentou convencer o imperador de que ele se arrependeria disso:

— Não faça isso. Eu não vou me adequar ao seu sistema de leis, porque ele está essencialmente errado. Ele não precisa de reformas, mas de uma revolução.

Teimoso, o imperador insistiu:

— Você será o meu Juiz Supremo.

Seu primeiro caso foi levado ao tribunal: um ladrão havia roubado o homem mais rico da capital e levado quase metade de seus tesouros. Aquele era um crime grave; de acordo com o sistema jurídico então vigente no país, estaria sujeito à pena de morte. Mas Lao Tzu também convocou o homem rico ao tribunal e disse:

— Esses dois homens são criminosos e deverão cumprir uma sentença de seis meses na cadeia.

O homem rico retrucou:

— Que tipo de justiça é essa? Eu fui roubado! Esse homem roubou metade de meus tesouros, e você me pune? Por quê?

— Porque você acumulou tanto dinheiro que isso fatalmente criará muitos ladrões pelo país. Foi você que cometeu um crime em primeiro lugar; esse homem está numa categoria secundária do problema.

O homem rico foi correndo até o imperador e perguntou:

— Que tipo de homem você escolheu para ser o Juiz Supremo? Ele é perigoso! Hoje eu estou sendo preso, amanhã será você!

É claro que Lao Tzu foi demitido imediatamente.

Você me pergunta quais melhorias e mudanças são necessárias nos sistemas jurídicos. A meu ver, ele é essencialmente errado.

Em primeiro lugar, a meu ver, a totalidade do sistema jurídico está baseada na vingança social, e não na compaixão social. A sociedade pune uma pessoa porque ela foi desobediente, porque não seguiu a multidão, porque não fazia parte do grupo. Ela tentou ser um indivíduo por conta própria. Estava jogando o jogo de acordo com as próprias regras. A vingança não será útil, pois você está cometendo o mesmo crime cometido pelo criminoso. É claro que você conta com o apoio de toda a sociedade; portanto, ninguém considera que a sua punição seja um crime. Mas qualquer pessoa que não tenha uma mente preconceituosa poderá ver o que você está fazendo.

Na verdade, uma vez que uma pessoa é presa, a cadeia se transforma em seu lar. Ela acaba retornando repetidas vezes. A cadeia é um tipo de universidade, pois lá estão os criminosos profissionais. Quando você coloca um indivíduo na prisão pela primeira vez, ele ainda é um amador. Mas lá ele se encontra com grandes mestres do crime, com todos os especialistas. Ele aprende a arte e aprende que não foi por causa do crime que está na cadeia. É por ter sido pego que ele acabou sendo preso. Você pode continuar cometendo quantos crimes quiser, basta não ser pego. Pois não é o crime que é punido — o fato de ser pego é que é punido. Essa é uma situação estranha. Aqueles que são pegos estão na prisão. Os que não são pegos talvez sejam cidadãos muito respeitáveis, pessoas poderosas na sociedade.

Sou contra todo tipo de punição. Todo o conceito de punição é desumano. Qualquer pessoa que cometa um crime está simplesmente mostrando que precisa de ajuda psiquiátrica. Em vez de prisões, precisamos de hospitais psiquiátricos, onde a pessoa possa ser cuidada de modo respeitoso e digno. Pois, uma vez que a dignidade da pessoa seja destruída, você a reduziu a um criminoso permanente. Em um hospital psiquiátrico, ela deve ser respeitada e deve ser tratada como qualquer outro paciente.

Você talvez se surpreenda ao saber que, no passado, muitos pacientes eram punidos pelo simples fato de não serem considerados pacientes. Por exemplo, se um indivíduo era louco, ele era punido e encarcerado. Ora, aqui podemos ver a estupidez disso tudo: um louco, e você vai prendê-lo? É difícil saber quem é o louco, você ou ele. O que a prisão poderá fazer por um homem louco? Ele precisa de um tratamento digno e respeitoso. Mas não é o que estamos fazendo agora.

A mesma situação se aplica a outros crimes. O crime não acontece do nada; ele é algo que existe na sua mente. Há algo errado, que pode ser corrigido. E já temos um considerável desenvolvimento das ciências psicológicas para permitir que a mente possa ser transformada por completo.

Uma coisa é certa: o criminoso tem uma personalidade muito poderosa. A personalidade dele, o seu poder, se for canalizada para a criatividade, poderá trazer grandes bênçãos para a sociedade. Hoje em dia, essas pessoas são um fardo para o coletivo. Milhares de pessoas nos presídios estão vivendo do seu trabalho, dos impostos que você paga. E, quando elas deixam a prisão, saem com um conhecimento mais especializado, e então você não será mais capaz de prendê-las com facilidade.

Todo o conceito de punição é bárbaro. Os fundamentos do sistema jurídico devem ser mudados: todo crime deve ser tratado como um transtorno mental. Assim, as coisas serão totalmente diferentes; a sociedade, então, estará mostrando compaixão em vez de vingança. Com isso, você estará ajudando as pessoas a se tornarem mais humanas, mais integradas. E, enquanto elas estiverem sendo tratadas, você pode ensiná-las, permitir que aprendam alguma habilidade, algum ofício, de modo que, no momento em que deixarem o hospital psiquiátrico, não precisem depender da sociedade. Elas poderão viver do próprio trabalho; e você terá oferecido tanto respeito e dignidade a elas que será impossível elas cometerem um crime novamente.

Isso me lembra um místico que tinha somente um cobertor. Durante o dia, ele se cobria com o cobertor e usava-o à noite para se proteger do frio. Numa noite fria de lua cheia, um ladrão entrou acidentalmente em sua cabana. Digo "acidentalmente" porque quem é que entraria na cabana de um místico para roubar o que há ali? Na verdade, o místico estava acordado e tinha saído para uma caminhada. Ele entrou na cabana logo depois do ladrão. O ladrão ficou espantado e constrangido. O místico disse:

— Não se preocupe. Eu só vim aqui porque moro neste lugar há trinta e poucos anos. E não encontrei nada aqui! Talvez você consiga encontrar algo para dividirmos. Podemos procurar juntos!

O ladrão não conseguia acreditar no homem.

— Eu sou ladrão!

— Esqueça todos esses adjetivos. E quem não é ladrão? Todos roubam uma coisa ou outra. As pessoas roubam conhecimento por meio dos livros, roubam todo tipo de coisa; portanto, não se preocupe. Eu sou um homem santo e estou me juntando a você. Esta é uma busca! Faz trinta anos que estou aqui, à procura de algo. Não há nada nesta casa. Talvez meu destino não seja este; talvez o seu destino seja melhor. Podemos encontrar algo. E não estou lhe pedindo muito, só metade do que encontrarmos.

O ladrão ficou muito intrigado. Nunca havia encontrado um homem como aquele.

— Você está aqui há trinta anos e não encontrou nada, então não há o que encontrar. Deixe-me ir embora. Está muito frio, mas só de ver você eu começo a transpirar. Está me deixando nervoso, e eu só entrei aqui por acidente. Me perdoe.

— Só lhe deixarei ir sob uma condição — disse o místico —, você terá de levar este cobertor, pois é a única coisa que eu tenho. E você me honrou tanto! Pois ladrões entram no palácio dos reis. Quem é que entra na cabana de um homem pobre? Você me honrou. Por um momento, me senti como um rei. Portanto, não recuse, leve este cobertor.

O ladrão se sentiu incapaz de dizer algo, mas, ao perceber que o místico estava nu e que possuía apenas um cobertor, pela primeira vez lamentou muito, sentindo que tinha feito algo errado. Em toda a sua vida, jamais sentira isso antes. Mas era muito difícil encarar aquele homem, era muito difícil recusar o pedido. Então, saiu pela porta carregando o cobertor.

— Pare! — gritou o místico.

O ladrão parou e olhou para trás.

— Fiz algo de errado?

— Sim, pelo menos feche a porta. E você se esqueceu de me dizer pelo menos um obrigado. Isso poderá ajudá-lo em algum momento futuro. Então me diga "obrigado" e feche a porta. Então, poderá ir.

O ladrão agradeceu, fechou a porta e saiu pela rua.

Nu, o santo sentou-se próximo à janela, olhando para a lua cheia. E então foi inspirado por uma canção. A letra dizia: "Eu sou tão pobre e não pude dar mais nada a ele. Ele deve estar num estado de desesperada necessidade. Se não for assim, quem é que caminha 8 quilômetros da cidade até a cabana isolada de um místico? Se eu pudesse, teria lhe dado a lua cheia, nada menos que isso. Mas sou um homem pobre. Não posso lhe dar nada além de meu cobertor."

Dias depois, a polícia apanhou o ladrão numa outra circunstância. Seu caso foi levado ao tribunal e o juiz lhe perguntou:

— Você conhece alguém que possa identificar você?

— Não conheço ninguém além de um místico que vive nos arredores da cidade. Talvez ele possa me reconhecer.

O santo foi convocado ao tribunal. Ele reconheceu o ladrão e disse ao juiz:

— Quero lhe pedir para não punir esse pobre homem. Eu lhe dei meu cobertor, não foi ele que me roubou. E ele é um cavalheiro muito simpático. Além de não ter me roubado, ele me disse "Obrigado, senhor". E, quando pedi que fechasse a porta, ele me obedeceu. É um homem muito humilde. Perdoe-o.

O místico era uma pessoa muito respeitada naquela região. O próprio juiz era um seguidor dele. Quando ele pediu "Perdoe-o", o juiz o perdoou. Na saída do tribunal, o místico percebeu que o ladrão o seguia. Ele perguntou:

— Por que você está me seguindo?

— Ficarei com você para sempre. Pela primeira vez, encontrei um homem que me respeita como ser humano. Você me deu dignidade. Os outros me trataram como um cão, um ladrão. E, quanto mais eles me maltratavam, mais eu seguia fazendo as mesmas coisas, só para me vingar. Você é a única pessoa que não deu importância aos atos que pratiquei, mas que me olhou diretamente nos olhos e em meu ser. Não vou mais deixá-lo.

O ladrão tornou-se um santo, à sua própria maneira. Tornou-se o sucessor do velho santo.

É preciso que todo o sistema jurídico abandone a ideia de vingança. Ele tem de se tornar compassivo; deve tratar seres humanos com respeito.

As ações não importam. O que importa é a personalidade por um todo, que é uma coisa imensa. Uma ação é uma coisa pequena. Não dê importância demais a ela. Estamos dando a ela uma dimensão exageradamente grande. Alguém faz algo de errado... — e, lembre-se, errar é humano; todos cometem erros. Mas os erros não devem ser tomados como equivalentes à vida da pessoa. O erro é apenas um pequeno fragmento, numa longa série. Não dê importância demasiada a ele. Não o transforme no foco de tudo. Não coloque esse homem na cadeia, sem sua dignidade, sua honra, privado de toda sua humanidade. Não aja como se esse homem fosse um animal.

A sociedade precisa ser mais compassiva. As leis precisam ser mais compassivas. Lembre-se: o homem não foi feito para as leis; as leis é que foram feitas para o homem. E, se elas não estiverem ajudando o homem, então precisam ser mudadas.

Elas não têm ajudado, não resta dúvida alguma. E não estou lhe dizendo para eliminar todas as leis e dissolver os tribunais. Estou dizendo que seus tribunais, suas leis e seus especialistas em Direito deveriam fazer com que o fenômeno todo fosse baseado na compaixão, e não na vingança. A compaixão é a essência de todas as religiões. E, se não formos capazes de criar nosso sistema jurídico com base na experiência religiosa fundamental de todas as épocas, então o futuro nos condenará; o futuro nos considerará bárbaros, e não nos aceitará como povos civilizados e cultos.

Estamos vivendo, ainda, numa época bárbara. Talvez tenhamos roupas melhores, casas melhores, bons modos e polidez, lindas máscaras para esconder o rosto. Mas bem no fundo existe um animal com grande desejo de vingança. É estranho constatar que ainda há países em que a pena de morte seja legalizada. Se um homem assassinou alguém, e você acha que isso é um crime...

Isso certamente é crime. Ninguém tem o direito de destruir a vida de outra pessoa. Mas o que você está fazendo? Você destruirá a vida desse homem? Não entendo a lógica disso. Se o assassinato ou a crucificação desse homem pudesse trazer o morto de volta à vida, então talvez houvesse alguma lógica. Mas, em vez de um homem morto, agora teremos dois, e você pensa que com isso as leis serão cumpridas, e a sociedade ficará satisfeita. Mas essa satisfação é uma coisa feia.

Eu não entrarei nos detalhes jurídicos, pois minha função não é essa. Minha função é mudar os alicerces. A partir disso, os detalhes automaticamente serão mudados. Até o momento, a vingança tem sido o alicerce de tudo. Permitam que, no futuro, a compaixão seja o alicerce de tudo.

Esta é uma experiência muito estranha: tenho visitado presídios, ensinando meditação aos prisioneiros, e fiquei surpreso ao perceber que eles são mais inocentes do que seus juízes, seus advogados, as pessoas que elaboram as leis. São mais inocentes. Estive preso nos Estados Unidos durante 12 dias, e isso me trouxe uma excelente experiência, a partir do interior do sistema. Eu já havia sido preso antes, mas eu era um forasteiro. Desta vez eu tinha informações privilegiadas, eu era um prisioneiro; e tive uma surpresa, um completo espanto em perceber que as pessoas que vocês condenaram como criminosos, que condenaram a viver o resto da vida na escuridão, em celas deprimentes — ainda piores do que a morte — são muito mais inocentes, mais amorosas e compreensivas.

Durante 12 dias, passei por seis presídios, pois as autoridades tinham medo de me manter preso numa única cadeia. O presídio estava cercado pelos veículos da mídia, pelos *sannyasins*, pelas pessoas que me amam, e as autoridades carcerárias tinham medo de que algo pudesse dar errado. Portanto, continuavam me transferindo de um presídio a outro. Para mim, foi bom, pois pude conhecer centenas de criminosos, e nesses seis presídios nem sequer uma única pessoa — e em cada um desses presídios havia quinhentas, seiscentas pessoas — se mostrou estar contra mim. Todas elas me apoiavam, pois viam, pela televisão, as declarações que eu fazia. E, diante de cada cela que eu passava, os criminosos faziam o sinal da vitória com as mãos e gritavam em diferentes línguas: "Não se preocupe, você vai vencer no final!"

Eu pedia pequenas coisas aos carcereiros — escova de dente, pasta de dente, sabonete, toalha, pente — e demorava 12 horas para que a escova aparecesse, e então vinha sem a pasta! E, quando a pasta aparecia, vinha sem a escova. Quando o sabonete aparecia, vinha sem a toalha. Eu não podia tomar banho. Mas o que me impressionou foi que aqueles criminosos viviam atirando objetos em minha cela. E diziam: "Isto aqui está novo, sem uso. Veja que a embalagem desta escova está lacrada, pode usá-la. Nós a tínhamos guardado, jamais pensamos que teríamos a bênção de entregá-la a você."

Eu pedia leite [à carceragem], e a resposta era não. E então um dos criminosos me dava o leite que ele recebera.

— Essas pessoas só querem atormentar você. Todos os prisioneiros recebem leite, mas para você eles dizem que não há leite, não há fruta, e eles sabiam perfeitamente que sou vegetariano e não comeria nada além de frutas, legumes e leite. Você ficará surpreso ao saber que, nestes 12 dias, tudo o que comi me foi dado pelos criminosos, não pelos carcereiros. Por conta própria, pois eles recebiam uma maçã por dia e, se eu estivesse numa cela com mais seis pessoas, todos eles me davam suas maçãs. Eu acabava ficando com seis. Eu lhes dizia: "Eu não consigo comer seis maçãs. E, como vocês todos são cristãos, sabem muito bem que Adão e Eva comeram somente uma maçã, e a humanidade ainda está sofrendo, e vocês ainda me dão seis! Querem que eu saia da cadeia ou não?"

Pude perceber que não estamos fazendo justiça a essas pessoas. O pequeno ato cometido por eles — que talvez tenha se devido a um acesso de raiva — se transformou no restante de sua vida. Vocês não lhe deram uma oportunidade de mudar. Acabaram com eles, colocaram um ponto final. Por causa de um pequeno acesso de raiva, um homem pode ter feito algo. O que ele precisa é aprender como a raiva pode ser liberada, como se pode ir além da raiva — mas vocês não estão fazendo isso. Ao obrigá-lo a ficar na cadeia, estão fazendo com que a raiva dele aumente. Estão criando mais criminosos.

O seu sistema jurídico inteiro é um sistema criminoso.

Funcionários públicos, missionários e demais profissionais do gênero

Osho,

Você ensina às pessoas que estão com você a cuidarem de si mesmas antes de tentar cuidar dos outros. Isso parece ir de encontro a muitas das religiões no mundo, que pregam uma atitude de serviços à humanidade, e a sua atitude deve parecer a eles muito egoísta. Pode comentar sobre isso?

Isso não vai de encontro a muitas religiões, vai de encontro a todas as religiões do mundo. Todas elas pregam uma atitude de serviço aos outros, o não egoísmo. Mas, a meu ver, o egoísmo é um fenômeno natural. O não egoísmo é imposto. O egoísmo faz parte de sua natureza. A menos que você alcance um ponto em que o seu *self* se dissolva no universal, não poderá ser verdadeiramente não egoísta. Você pode fingir, mas não passará de um hipócrita, e eu não quero que as pessoas que estão comigo sejam hipócritas. Então, isso é um pouco complicado, mas pode ser compreendido.

Em primeiro lugar, o egoísmo é parte de sua natureza. Você tem de aceitar isso. E, se é parte de sua natureza, deve estar a serviço de algo muito essencial, caso contrário ele nem existiria. Você só sobreviveu por causa do egoísmo, e por causa dele cuidou de si mesmo; se não fosse assim, a humanidade teria desaparecido há muito tempo. Tente imaginar uma criança que não seja egoísta, que nasceu sem egoísmo. Ela não será capaz de sobreviver, porque até mesmo respirar é [um ato] egoísta, comer é [um ato] egoísta; milhões de pessoas estão famintas e você está comendo; milhões de pessoas estão doentes, morrendo, e você está saudável.

Se uma criança nascer sem o egoísmo como parte intrínseca de sua natureza, ela não sobreviverá. Se uma cobra se aproximar dela, que necessidade terá a criança de se esquivar? Deixe-a ser picada. É o seu egoísmo que protege você; caso contrário, você estará no caminho da cobra. Se um leão atacar você, deixe que ele o mate. Isso é não egoísmo. O leão está faminto, você está lhe servindo de comida — quem é você para interferir? Você não deve proteger a si mesmo, não deve lutar. Simplesmente ofereça a si mesmo numa bandeja para o leão. Isso será não egoísmo. Todas essas religiões têm ensinado coisas que não são naturais. Esta é apenas uma dessas coisas.

O que eu ensino a você é a natureza. Eu lhe ensino a ser natural, absolutamente natural, despudoradamente natural. Sim, lhe ensino o egoísmo. Antes de mim, ninguém lhe disse uma coisa dessas. Não tinham coragem de dizer. E todos eles eram egoístas: esta é a parte mais impressionante dessa história. Por que um monge jainista tortura a si mesmo? Há uma motivação para isso. Ele quer atingir a *moksha** e todos os prazeres desse estado. Ele não está sacrificando coisa alguma, simplesmente está barganhando. Ele é um homem de negócios, e as escrituras dizem: "Você receberá mil vezes mais." E esta vida é realmente

---

* Libertação do ciclo do renascimento e da morte, equivalente à iluminação. *[N. do T.]*

muito curta — setenta anos não é muito tempo. Se você sacrificar os prazeres de setenta anos para obter uma eternidade de prazeres, então esta é uma boa barganha. Não acho que isso seja não egoísta.

E por que essas religiões têm lhe ensinado a servir à humanidade? Qual é a motivação? Qual é o objetivo? O que você ganhará com isso? Talvez você nunca tenha feito essa pergunta. Isso não é serviço.

Eu gosto muito de uma antiga história chinesa: um homem cai num poço. Perto dali estava acontecendo um grande encontro, um festival, e havia tanto barulho, as pessoas estavam se divertindo, dançando, cantando, muita coisa acontecendo ali, e ninguém ouviu a queda do homem. E naquela época, na China, não havia um muro de proteção com 1,5 metro de altura ao redor dos poços para prevenir acidentes. Eles simplesmente não tinham qualquer proteção. No escuro, você poderia cair nele, sem saber do poço.

O homem começa a gritar:

— Me ajudem!

Um monge budista passa por ali. É claro que um monge budista não tem interesse no festival, ele não tem a permissão de ter tal interesse — não sei o que ele estava fazendo por ali. O simples fato de estar ali significa um desejo inconsciente de saber o que estava acontecendo e como as pessoas estavam se divertindo: "Todas essas pessoas irão para o inferno, sou o único aqui que irá para o paraíso." Ele passa ao lado do poço e ouve o homem gritar. Olha para baixo.

— Que bom que você me ouviu! — diz o homem. — Estão todos ocupados, e o barulho é tão alto que achei que eu fosse morrer.

O monge budista diz:

— Você vai morrer, pois isso que lhe aconteceu tem origem num ato de maldade de uma de suas vidas anteriores: agora você está recebendo a punição. Receba a punição e acabe com isso! Será bom. Na próxima vida, você chegará limpo, e não haverá qualquer necessidade de cair novamente em um poço.

— Eu não quero ouvir palavras de sabedoria ou qualquer filosofia, agora — diz o caído, mas o monge já fora embora.

Um taoista, um homem velho, para ao lado do poço. Está sedento e olha para baixo. Um homem está gritando e pedindo ajuda. O taoísta diz:

— Essa não é uma atitude digna de um homem. A pessoa deve aceitar tudo do jeito que lhe acontece; é isso que o grande Lao Tzu dizia. Então, aceite! Desfrute! Você está chorando feito uma mulher. Seja homem!

O homem responde:

— Estou disposto a ser chamado de mulher, mas antes disso me salve! Não tenho atitudes dignas de um homem. E você poderá dizer o que quiser depois disso tudo, mas primeiro me ajude.

Mas o taoista retruca:

— Nós nunca interferimos nos assuntos de ninguém. Acreditamos no indivíduo e em sua liberdade. É liberdade sua cair no poço, é liberdade sua morrer no poço. Tudo o que posso fazer é lhe dizer que morrer chorando é uma tolice. Você pode morrer como um sábio: aceite, cante uma canção e vá embora. De algum modo, todos vão morrer um dia, então qual é o sentido de salvar você? Eu vou morrer, todos vão morrer; talvez amanhã ou então depois de amanhã. Então, que sentido faz salvar você?

E então o taoista se afasta.

Um confucionista se aproxima, e o homem então passa a ter esperanças, pois os confucionistas são mais mundanos, mais ligados às coisas desta Terra.

— Que sorte a minha por você, um erudito confucionista, ter aparecido. Eu conheço você, ouvi falar de seu nome. Agora, faça algo por mim, pois Confúcio diz: "Ajude os outros."

Depois de ter falado com um budista e com um taoista, o homem pensa: "É melhor falar de modo filosófico se eu quiser convencer essas pessoas a me salvarem". Ele repete:

— Confúcio diz: "Ajude os outros."

O monge confucionista responde:

— Você está certo. Eu vou ajudá-lo. Vou sair de cidade em cidade, farei protestos para tentar obrigar o governo a construir uma cerca de proteção ao redor de todos os poços do país. Não tenha medo.

— Mas, à altura em que essas cercas estiverem construídas e sua revolução for vitoriosa, eu já vou estar morto!

No que o confuciano devolve:

— Você não é importante, os indivíduos não são importantes, mas sim a sociedade. Ao cair no poço, você trouxe à tona uma questão muito significativa. Agora, vamos lutar por ela. Fique calmo e em silêncio. Nós providenciaremos para que sejam construídas cercas de proteção ao redor de todos os poços, de modo que ninguém sofra um acidente. Se salvarmos somente você, o que estaremos salvando? O país inteiro tem milhões de poços, e milhões de pessoas caem neles. Portanto, não seja egoísta, eleve-se acima dessa atitude autocentrada. Eu vou servir à humanidade; você a serviu caindo no poço, eu vou servir obrigando o governo a construir cercas de proteção.

Então, o confucionista vai embora. Mas ele apresentou um argumento significativo: "Você é muito egoísta. Você simplesmente quer ser salvo e desperdiçar meu tempo, que eu posso usar pelo bem de toda a humanidade." Você sabe dizer se em algum lugar existe uma coisa chamada "humanidade"? Se em algum lugar existe uma coisa chamada "sociedade"? Essas são somente palavras. Só os indivíduos existem.

O quarto homem que apareceu era um cristão, um missionário, que carregava uma sacola. De imediato, ele abre a sacola e tira dela uma corda. Antes mesmo de o homem dizer qualquer coisa, ele joga a corda dentro do poço. O homem fica surpreso.

— A sua religião parece ser a mais verdadeira.

— É claro — responde o cristão. — Estamos preparados para todo tipo de emergência. Sabendo que as pessoas podem cair nos poços, eu carrego esta corda comigo, para salvá-las, pois é somente por meio da salvação delas que posso salvar a mim mesmo. Mas lembre-se — eu ouvi o que aquele confucionista dizia — não construa cercas de proteção ao redor dos poços; se não, como é que poderemos servir à humanidade? Como poderemos resgatar pessoas que caíram nos poços? Elas têm de cair, antes de tudo, para então nós podermos resgatá-las. Nós existimos para servir, mas é preciso que haja oportunidades. Sem a oportunidade, como é que você pode servir os outros?

Todas essas religiões que falam sobre servir certamente têm interesse em que a humanidade permaneça pobre, que as pessoas continuem precisando de alguém que lhes sirva, que haja órfãos, que haja viúvas, que haja idosos que não recebem qualquer assistência, que haja mendigos. Essas pessoas são necessárias, absolutamente necessárias. Caso contrário, o que acontecerá a esses grandes servos do povo? O que acontecerá a todas essas religiões e a seus ensinamentos? E como é que as pessoas poderão entrar no Reino de Deus? Essas pessoas precisam ser usadas como escada.

Você chama isso de não egoísmo? Esse missionário é uma pessoa não egoísta? Ele não está salvando este homem pelo bem do homem; está salvando o homem para o próprio bem. Lá no fundo, isso ainda é egoísmo, mas agora está recoberto por belas palavras: "não egoísmo", "servir".

Mas qual é a necessidade de servir? Por que deveria haver alguma necessidade disso? Não podemos eliminar tais oportunidades para que alguém tenha de servir? Nós podemos, mas as religiões ficarão furiosas com isso. Isso lhes tirará o chão sob os pés — todo o negócio delas consiste nisso —, se ninguém mais for pobre, se ninguém mais estiver faminto, se ninguém mais estiver sofrendo, se ninguém mais estiver doente... E a ciência pode fazer isso. Hoje isso está absolutamente em nossas mãos. E já estaria há muito tempo, caso essas religiões não tivessem impedido todos aqueles dispostos a contribuir com o conhecimento e capazes de eliminar todas as oportunidades para alguém servir. Mas essas religiões têm se mostrado contrárias a todo o progresso científico e continuam falando em servir. As religiões precisam dessas pessoas. A necessidade delas não é não egoísta, mas o completo oposto. Elas têm uma motivação. Há aqui um objetivo a ser alcançado.

Por isso digo aos meus *sannyasins*: *servir* é uma palavra feia, um palavrão. Nunca a use. Sim, você pode compartilhar, mas jamais humilhe uma pessoa ao servi-la. Isso é humilhação. Quando você serve a alguém e se sente muito bem com isso, está reduzindo o outro a um verme, a sub-humano. E você se sente tão superior a ponto de sacrificar seus próprios interesses e servir aos pobres. Você está nada menos que humilhando essas pessoas.

Se você tem algo que lhe traz alegria, paz, êxtase, compartilhe isso. E lembre-se de que, quando você compartilha, não há motivação por trás. Não estou dizendo que, por compartilhar, você alcançará o Paraíso. Não estou lhe dando nenhum objetivo. Estou lhe dizendo que, pelo simples fato de compartilhar, você terá uma satisfação enorme. A satisfação já está no próprio compartilhar, não há objetivo algum para além disso. Não se está caminhando rumo a uma finalidade, o compartilhar é um fim em si mesmo, e você se sentirá grato à pessoa que se dispôs a compartilhar com você. Não sentirá que ela lhe deve algo, pois você não lhe prestou nenhum serviço.

Somente essas pessoas que acreditam em compartilhar em vez de servir são capazes de destruir essas oportunidades, essas feias oportunidades que estão no mundo inteiro. E todas as religiões têm explorado tais oportunidades. Mas elas têm encontrado nomes agradáveis... ao longo de milhares de anos, adquiriram uma grande habilidade de dar nomes agradáveis a coisas feias. E, quando você começa a dar um belo nome a uma coisa feia, é provável que se esqueça de que isso era somente uma máscara. Por dentro, a realidade continua a mesma.

Todas essas religiões têm dado nomes agradáveis, lindos nomes a realidades feias. Por que servir aos pobres quando a pobreza pode ser eliminada? Nenhuma religião diz: “Eliminem a pobreza.” Elas estão numa profunda conspiração com interesses ocultos. Elas não lhe pedem para eliminar a pobreza, não sugerem nenhuma medida com a qual a pobreza possa ser eliminada. Mas dizem: “Ofereça serviço aos pobres, às viúvas.” Eles não perguntam "Por que obrigar a mulher a permanecer sendo uma viúva?". É um fenômeno tão simples... Na Índia, o homem tem a permissão de casar-se quantas vezes quiser. Na verdade, no momento em que a esposa morre e seu corpo está sendo queimado na pira funerária, as pessoas já começam a falar de casamento e em como arranjar o próximo casamento para aquele homem. É tão feio, tão desumano... o corpo da esposa ainda nem queimou por completo... mas as pessoas estão ali sentadas, o que há para se fazer além disso? Elas precisam falar sobre algo, e esse é o assunto mais interessante naquele momento. Ora, esse homem precisa de uma mulher, e eles estão lhe sugerindo onde convém que seja o casamento, qual mulher será a mais adequada — e esta não será uma viúva. Ninguém está disposto a se casar com uma viúva. Ela é uma mulher já usada. A mulher é um objeto, usado por alguém — de que modo você pode usá-la? O homem não é [um objeto] usado; ele sempre permanece renovado, puro. Ele pode se casar novamente.

Na Índia, há milhares de anos a mulher tem sofrido muito por causa dessa ideia de que ela deve permanecer viúva. Milhões de viúvas... e elas não podem usar roupas de outra cor além do branco. Têm de raspar a cabeça e não podem vestir qualquer ornamento. De todos os modos possíveis, lhes foi deixado claro que elas têm de viver praticamente uma vida morta. Não podem se movimentar em liberdade como as outras mulheres fazem — principalmente participar de ocasiões festivas. Elas não devem estar presentes em cerimônias de casamento, pois sua mera presença, sua simples sombra, já é uma calamidade. E as pessoas lhe dizem que seu marido foi devorado por ela — é por causa do destino dela que o marido morreu. Se ele não tivesse se casado com ela, estaria vivo. Ela carrega o fardo da morte dele ao longo de toda a vida e agora deve, de todas as maneiras, permanecer feia.

"Preste serviço às viúvas." Na Índia, há instituições especialmente voltadas às viúvas, pois nos lares elas não são iguais nem mesmo aos criados. Fazem todo tipo de trabalho, passam o dia inteiro em afazeres. Mas não são tratadas com o mínimo respeito: não têm salário e são continuamente condenadas porque, por causa delas, o filho de alguém ou o irmão de alguém morreu. Todos são contra a mulher, e ela precisa se manter escondida, como uma sombra. Não se permite que ela fique num lugar em que há convidados. Ela vive como um fantasma. Com isso, as religiões inauguram instituições; este é um serviço prestado às viúvas. Mas, para início de conversa, para que existir viúvas? A lógica é tão simples: aprove uma lei estabelecendo que qualquer homem que queira se casar pela segunda vez deva se casar com uma viúva, não com uma virgem — é simples. Assim, todo o problema desaparecerá. Mas, em vez de os problemas desaparecerem, eles acabam se perpetuando.

Ora, o mesmo está acontecendo no Ocidente, de outras maneiras, em outras dimensões. A ciência médica evoluiu tanto que, segundo os cientistas, não há nenhuma necessidade intrínseca para que o corpo humano morra antes de, no mínimo, trezentos anos. E essa é uma estimativa conservadora, trezentos anos. Eles dizem que não há necessidade intrínseca para que o corpo humano morra antes de trezentos anos. Todos poderão viver trezentos anos em plenitude, e jovens. E, se uma pessoa pode viver trezentos anos, você consegue imaginar as implicações disso? Imagine só: Albert Einstein vivendo trezentos anos. As bênçãos que ele seria capaz de despejar sobre a humanidade! Uma mente tão madura! Aos 26 anos, ele foi capaz de apresentar sua teoria da relatividade, que transformou toda a ciência e o seu formato. Simplesmente imagine: se ele pudesse ter vivido trezentos anos, tudo que nos parece impossível teria sido possível por meio de Einstein. E estou tomando um único exemplo.

Se Bertrand Russell pôde dar tamanha contribuição em cem anos, em trezentos anos, então... Para um homem como Bertrand Russell, é impossível sentar-se sem fazer nada. Mesmo aos 100 anos de idade, ele se mostrava muito mais jovem do que os seus chamados jovens — em seus pontos de vista, sua abordagem, seu raciocínio, sua clareza em relação a tudo. E, se esse homem pudesse ter vivido trezentos anos, posso dizer com absoluta certeza que ele teria mudado de ideia em relação a muitas coisas que afirmou quando tinha 50, 40, 30 anos. Ele poderia ter se voltado para dentro, poderia ter se tornado um meditador. Poderia ter se revelado um dos homens mais religiosos da Terra. Ele tinha todas as habilidades possíveis e a coragem necessária para usá-las. Mas seu tempo foi curto.

Para um homem como Bertrand Russell, cem anos é um tempo curto. O interesse dele era multidimensional: em educação, queria criar uma revolução; na filosofia, criou novos conceitos; em matemática... que não era sua área principal, mas ele tinha um interesse tão grande por lógica que se sentiu impelido a estudar matemática, pois ambas funcionam com os mesmos princípios. A matemática é a lógica aplicada. Russell juntou-se a um dos grandes matemáticos e filósofos americanos, Whitehead, e juntos eles escreveram o livro *Principia Mathematica*. Esse livro está muito à frente de seu tempo — mesmo hoje, talvez haja apenas dez ou vinte pessoas capazes de compreender seu conteúdo. Se ele tivesse vivido trezentos anos, teria criado uma matemática totalmente nova, talvez uma matemática maior, na qual Gurdjieff e Ouspensky — místicos, assim como ele — tinham interesse, uma matemática superior, que não lida com experimentos materiais comuns, mas com problemas da natureza do absoluto. Os problemas absolutos estão num plano além disso. Uma matemática totalmente nova é necessária, pois, quando você se aproxima do absoluto, percebe que todas as suas categorias — lógica, matemática — começam a desmoronar. A existência se comporta de um modo diferente; tão diferente que, às vezes, a soma de dois mais dois pode ser três, e às vezes pode ser cinco. Uma coisa é certa: no nível absoluto, a soma de dois mais dois nunca é quatro.

Posso lhe dar um exemplo simples. Por que, no nível absoluto da existência, dois mais dois nunca pode resultar em quatro? Porque não há duas coisas que possam ser exatamente iguais. Duas cadeiras não são. Duas outras cadeiras também não são. Você as coloca juntas e diz que tem quatro cadeiras — mas elas não são as mesmas, cada cadeira é diferente. Se precisar ser exato, não pode usar o número quatro. Os elétrons, os prótons, os nêutrons — o mundo que está sob o núcleo absoluto se comporta de modo totalmente diferente. Se você quiser sair de uma sala, sabemos que só poderá sair dela se fizer um determinado caminho, talvez com dez passos. Mas você estará nela, em cada um dos dez passos, a cada passo que der. Mas, no nível absoluto, o elétron dá um salto sem estar entre os pontos. Ele está num ponto *a*, logo na sequência ele se encontra no ponto *b*, que fica longe de *a*, mas ele não é encontrado, de maneira alguma, entre esses dois pontos. Ele desaparece do ponto *a* e reaparece no ponto *b*, e entre ambos não há nenhum caminho. Ora, como é que a sua matemática comum funciona, com suas medidas e sua geometria? Para isso, algo totalmente diferente se faz necessário.

E, à medida que o período da vida humana foi se ampliando, descobrimos a ciência. Talvez você não tenha refletido a esse respeito. A ciência passou a existir somente nos últimos trezentos anos. E por quê? Por que não antes disso? Não conseguimos encontrar um único esqueleto de ser humano que tenha vivido três mil anos atrás — antes deste período, então, nem se fale — e que tenha sido de uma pessoa com mais de 40 anos. Este homem deve ter morrido aos 40. Quarenta anos deve ter sido a idade-limite, pois não encontramos um único esqueleto que comprove que a pessoa morreu aos 50, 60 ou 70 anos. A pessoa mais velha tinha 40 anos.

Portanto, não há nada de estranho quando os Vedas dizem — e os hindus consideram isso como uma tremenda glória — que as pessoas nunca envelhecem. Os hindus pensam que, na época dos Vedas, a ciência deve ter sido tão avançada que ninguém jamais envelhecia. Isso não é verdade. A verdade é que todos morriam aos 40 anos; então como é que alguém poderia envelhecer? Quando o homem passou a viver mais tempo, e 70 anos passou a ser o tempo médio de vida — em alguns países do Ocidente, esse tempo médio passou a 80 anos; em outros, 90 —, então a ciência se desenvolveu. Caso contrário, o que a pessoa consegue fazer em quarenta anos? Ele simplesmente tenta sobreviver de algum modo — ele, sua esposa, a linhagem desta família — até que a morte chegue. A ciência, a filosofia, a religião ou algo mais elevado precisam de mais tempo, de um maior luxo, um maior conforto. Hoje o homem pode viver trezentos anos. E, se o homem pode viver trezentos anos, por que não seiscentos? Por que não mil? Quando o homem puder viver trezentos anos, é absolutamente certo que descobriremos meios de lhe permitir viver ainda mais tempo. Então, ele se transforma em sabedoria acumulada. Pode então solucionar problemas complicados.

Solucione os problemas! Não há necessidade de ensinar as pessoas a servir. E quais são os problemas? A explosão populacional é o problema. Todas as religiões ensinam oferecer assistência aos pobres, mas nem uma única religião sequer está disposta a dizer: "Aceitem o controle da natalidade para que a população seja reduzida."

Sou a favor de um absoluto controle da natalidade. Só algumas poucas pessoas deveriam ter a permissão de dar à luz crianças, e isso também deve ser feito por meio de inseminação artificial; pois qual é a necessidade? Talvez você se apaixone por uma garota, ou uma garota se apaixone por você, mas talvez vocês não sejam as pessoas ideais para se tornarem pais, para gerar uma criança. Talvez não sejam, pois o amor não se importa com a sua química interna.

Você não consulta um químico para saber: "Eu me apaixonei por esta garota; a química interna de nossos dois corpos combina?" Se quer consultar alguém, você vai ao astrólogo idiota, à quiromante — um cego conduzindo outro cego. Essa é uma questão bioquímica, nada tem a ver com quiromancia, nada a ver com astrologia. Mas o ego do homem tem a sensação de que as estrelas se interessam por ele. Simplesmente pense na idiotice que é imaginar que milhões de estrelas estejam preocupadas com você, que elas afetam você, que a combinação delas afeta você. Isso só me traz tristeza em relação ao homem. Que tipo de humanidade é este, que evoluiu na Terra?

Mas todas as religiões se opõem ao controle de natalidade, e sem o controle da natalidade, hoje nada é possível. Sou favorável a um absoluto controle de natalidade, lembre-se, não apenas o controle de natalidade; pois, com esse controle, as pessoas — e talvez as religiões e, a seguir, os governos — serão obrigadas a aceitar que elas devem ter apenas dois ou três filhos. Não, isso não dará certo. Mesmo duas ou três crianças, isso não dará certo. Um total controle da natalidade: ninguém deve ter a permissão de gerar crianças; aquele que tiver interesse em conceber crianças poderá ir a um laboratório e contribuir com seu sêmen, e o laboratório é que deve decidir quem será a mãe.

Essa pessoa não precisa ser esposa do doador, não há relação entre as duas coisas. Você não tem esse poder, a existência não lhe dá tal permissão. Você não sabe o que carrega em seus genes; não sabe qual é o seu potencial, que tipo de criança você poderá gerar. Você ama a mulher — não há nenhum dano nisso; o amor deve estar absolutamente disponível para você, ele é seu direito de nascença. Você ama a mulher; mas nem toda mulher precisa se tornar mãe, nem todo homem precisa se tornar pai. Em breve, também não haverá necessidade de mães. A criança poderá se desenvolver dentro do laboratório.

Você quer ter um filho e, se você realmente ama crianças, vai querer ter a melhor criança possível. Portanto, o homem que contribui com o sêmen e a mulher que contribui com o útero não devem ser preocupação sua. Você deve se preocupar em ter a melhor criança possível. Portanto, proponho a inseminação artificial e os bebês de proveta [fertilizados *in vitro*].

E eu também proponho a eutanásia. Assim como estamos criando uma barreira para os nascimentos, o controle de natalidade, deixe-me propor um outro termo: controle de mortalidade. Após certa idade — por exemplo, se você admitir que 70 anos é o tempo médio de vida, ou então 80 ou 90 —, um homem deve ter a liberdade de pedir aos médicos: "Quero ser libertado de meu corpo." Ele tem todo o direito a isso caso não queira mais viver, pois já viveu o bastante; já fez tudo o que pretendia fazer. E agora, não quer morrer de câncer ou de tuberculose; simplesmente quer uma morte tranquila. Em cada hospital deve haver uma ala especial para pacientes, com funcionários especializados, onde todos poderão ficar, relaxar e receber a assistência para morrer lindamente, sem qualquer doença e com o apoio dos médicos. A menos que o Conselho de Medicina avalie que essa pessoa é valiosa — por exemplo, alguém como Einstein ou Bertrand Russell —, a menos que este Conselho avalie que a pessoa tem uma importância imensa; neste caso, pode-se pedir a ela que viva um pouco mais de tempo. A somente algumas poucas pessoas deve-se pedir para continuar aqui um pouquinho mais, pois elas podem dar uma grande ajuda à humanidade, uma grande ajuda às outras. Mas, se mesmo assim estas pessoas não quiserem continuar vivendo, isso é direito delas, de nascença. Você poderá orar e lhes fazer o pedido. Se elas aceitarem, ótimo. Mas, se disserem "Não, não tenho mais nenhum interesse", então certamente têm todo o direito de morrer.

Por que uma pessoa deveria ser obrigada a viver quando não quer mais? E você transforma isso em um crime, você traz ao homem uma preocupação desnecessária: ele não quer mais viver, mas precisa seguir vivendo, pois o suicídio é crime. Precisa tomar veneno, ou tem de se atirar no mar, ou de um penhasco. Essa situação não é boa. E é estranha: se ele morrer, ótimo; mas, se ele for pego, então receberá a pena de morte. Que maravilha de sociedade! Grandes mentes essas que criam as leis! Ele será condenado à morte por ter tentado cometer suicídio.

Todos esses problemas podem ser resolvidos. Portanto, não há necessidade de funcionários públicos, de missionários ou pessoas desse gênero. Precisamos usar mais inteligência para a solução dos problemas.

Portanto, eu ensino o egoísmo. Quero que, antes de mais nada, você seja o seu próprio desabrochar. Sim, isso parecerá egoísmo; não tenho qualquer objeção a esta imagem formada. Por mim, tudo bem. Mas a rosa é egoísta quando desabrocha? O lótus é egoísta quando desabrocha? O Sol é egoísta quando brilha? Então, por que você deveria se preocupar com o egoísmo?

Você nasce; o nascimento é apenas uma oportunidade, só um início, não é o fim. Você precisa desabrochar. Não desperdice isso com nenhum tipo de [prestação de] serviço idiota. A sua primeira — e prioritária — responsabilidade é desabrochar, tornar-se plenamente consciente, desperto, alerta; e com essa consciência você poderá enxergar o que pode compartilhar e como solucionar problemas. Noventa e nove por cento dos problemas do mundo podem ser solucionados. Talvez 1% não possa. Você então será capaz de compartilhar com essas pessoas tudo o que quiser — mas primeiro precisa ter algo a ser compartilhado.

Até o momento, nenhuma das religiões tem ajudado a humanidade a resolver um problema singelo. Só preste atenção ao que estou dizendo: elas resolveram este simples problema? E elas têm insistido com essa história de servir há milhões de anos. Os pobres continuam pobres e tornam-se cada vez mais pobres. Existem doentes, existe a velhice, existe todo o tipo de doenças, todo o tipo de crimes — e o número deles só cresce. A cada ano são cometidos mais crimes no mundo do que no ano anterior. Estranho... o número de presídios aumenta, o número de tribunais aumenta — e eles acham que esses lugares estão aí para acabar com o crime, mas com eles o número de crimes continua a subir. Há algo de essencialmente errado nisso tudo. O que eles estão fazendo não tem relação alguma com o problema. A pessoa que está cometendo um crime não é criminosa, é uma pessoa doente. Ela não precisa ser jogada numa cela e torturada, deve ser internada em um hospital psiquiátrico e atendida ali, pelos médicos, e com respeito. Ela não tem culpa.

Você deve saber que já houve uma época em que os loucos eram considerados criminosos e eram jogados e espancados nos presídios. Foi somente há algumas centenas de anos que ocorreu a alguém a ideia de que aquelas pessoas não são criminosas, que elas sofrem de uma determinada doença. Ao bater nelas, você não conseguirá expulsar a doença. Você está simplesmente cometendo uma idiotice. Elas precisam de tratamento, e você as está maltratando. E o mesmo se aplica a todos os criminosos, pois, a meu ver, nenhum criminoso é criminoso de nascença. O modo como ele é criado, a sociedade na qual cresce é que fazem dele um criminoso. E uma vez que a mente dele começa a tornar-se criminosa, você precisa mudar completamente a forma como ele pensa. Será inútil acorrentá-lo, jogá-lo numa prisão, deixá-lo morrer de fome, espancá-lo — o efeito será nulo. Isso estará simplesmente reforçando nele que, no momento em que deixar a prisão, será um criminoso inveterado, um criminoso graduado.

Você precisa mudar os caminhos da mente do homem que o conduzem à criminalidade. E isso é possível. A bioquímica pode ser de grande utilidade, assim como a medicina e a psiquiatria. Hoje já temos todos os recursos necessários para fazer desse homem um ser humano digno.

Não há necessidade de servir, o que é necessário é compartilhar a sua consciência — os seus conhecimentos, o seu ser, o seu respeito —, mas, antes de mais nada, é preciso que você tenha isso tudo.

A meu ver, o maior problema da humanidade é que as pessoas não sabem nada sobre a meditação. Esse é o maior problema. Não é a população, não é a bomba atômica, não é a fome... não, esses problemas não são essenciais; eles podem facilmente ser resolvidos pela ciência. O único e essencial problema que a ciência não será capaz de resolver é que as pessoas não sabem meditar.

Eu digo às pessoas que estão comigo: antes de mais nada, seja egoísta, absolutamente egoísta; desabroche. Alcance o desabrochar e a fragrância, e então os espalhe. Então compartilhe isso com aquelas pessoas infelizes que tinham o mesmo potencial que você, mas a quem a vida não deu a chance de voltar-se para dentro, para provar o sabor do próprio estado de divindade.

Sou contra todas as religiões porque, a meu ver, o que elas têm feito é absolutamente inútil. Mas elas "fazem coisas" com belas palavras e escondem coisas por trás de belas palavras. Você pode usar belas palavras e frases para esconder uma verdade feia. Eu não estou interessado em fazer esse tipo de trabalho, de jeito nenhum.

Eu lhe ensino a ser natural e aceitar a sua naturalidade. De uma coisa estou certo: quando tiver desabrochado, você começará a compartilhar. Não há como evitar isso. Quando a flor desabrocha, é impossível impedir sua fragrância, mantê-la presa. Seu perfume escapa em todas as direções. Portanto, antes de mais nada, sinta-se realizado, satisfaça a si mesmo. Antes de mais nada, seja. Então, a partir do seu ser haverá uma fragrância que alcançará muitas pessoas. E isso não será servir, será um simples e alegre compartilhar. E não há alegria maior do que compartilhar a sua alegria.

Sejam quais forem as consequências, seja verdadeiro

Osho,
Por toda a minha vida, tenho usado a cordialidade como um escudo que me protege contra os outros. Várias camadas desse escudo estão caindo por terra, cada vez mais, e sinto um espaço interno do qual eu sou suficiente para mim mesmo. A partir desse espaço, surge uma conexão com os outros, mais receptivo e com menos medo. No entanto, muitas vezes percebo que não estou sendo totalmente autêntico e verdadeiro. Por que isso é tão difícil?*

Um dos problemas que todo humano tem de enfrentar é o mundo em que nasceu. Seu ser e as intenções do mundo não caminham juntos. O mundo quer que ele preste serviços, que se escravize, que possa ser usado por aqueles que estão no poder. E, naturalmente, ele se ressente disso, porque quer ser ele mesmo. O mundo não permite a nenhuma pessoa ser o que, por natureza, deveria ser.

O mundo tenta colocar todas as pessoas nos moldes de uma mercadoria: útil, eficiente, obediente — que nunca se rebele, que

---

* No original, "*friendliness*", um termo para o qual não temos uma exata correspondência em português. Essa palavra está diretamente relacionada às ideias de simpatia, afabilidade, gentileza e de "natureza amistosa". *[N. do T.]*

nunca seja assertiva, que nunca declare sua própria individualidade, mas que seja sempre subserviente, quase como um robô. O mundo não quer que vocês sejam seres humanos. Ele espera que sejam máquinas eficientes. Quanto mais eficiente você for, mais respeitável e mais honrado será. E é isso o que cria o problema. Nenhum indivíduo nasce para ser uma máquina. Isso é uma humilhação, uma degradação; significa privá-lo de seu orgulho e de sua dignidade, destruindo-o como um ser espiritual e reduzindo-o a uma entidade mecânica.

Assim, toda criança, desde o início, à medida que adquire consciência sobre as intenções da sociedade, dos pais, da família, do sistema educacional, da nação e da religião — à medida que adquire consciência disso, começa a fechar-se em si mesmo. Começa a tornar-se defensivo devido ao medo, pois ele precisa buscar uma tremenda força. E ele é muito pequeno, muito frágil, muito vulnerável, muito desamparado e muito dependente das mesmas pessoas das quais ele precisa se proteger.

E o problema se complica ainda mais, pois as pessoas das quais ele precisa se proteger são as pessoas que ele acha que o amam. E talvez isso não seja uma mentira. A intenção delas é boa, mas lhes falta a consciência; elas estão em um sono profundo. Não sabem que estão sendo usadas como marionetes nas mãos de uma força cega chamada sociedade, a sociedade convencional — todos os tipos de interesses velados estão aqui reunidos.

A criança está diante de um dilema. Precisa lutar contra aqueles que ama, e ela acha que eles também a amam. Mas o estranho é que as pessoas não amam do jeito que ela é. Elas lhe dizem: "Nós amaremos você, nós realmente amamos você, mas somente se você seguir o nosso caminho, se seguir a mesma religião que a nossa, se se tornar obediente assim como nós somos obedientes." Se você fizer parte desse imenso mecanismo, no qual você viverá sua vida inteira... lutar contra isso simplesmente não faz sentido, você será aniquilado. É mais sábio simplesmente render-se e aprender a dizer *sim*, querendo ou não. Reprima o seu *não*. Em quaisquer circunstâncias, em qualquer situação, espera-se que você diga *sim*. O *não* é proibido. O *não* é o pecado original. A desobediência é o pecado original — e então a sociedade se vingará, e de modo violento.

Isso cria um medo enorme na criança. Com a totalidade de seu ser, ela quer reafirmar seu potencial. Ela quer ser ela mesma, pois de outra maneira não conseguirá ver nenhum sentido na vida. De outra maneira, ela nunca será feliz, realizada, contente. Ela nunca se sentirá à vontade, estará sempre dividida. Uma parte, a parte mais intrínseca de seu ser, sempre sentirá fome, sede, não estará realizada, mas incompleta.

Mas essas forças são grandes demais, e lutar contra elas é arriscado demais. Naturalmente, toda criança aos poucos começa a aprender a se defender, a se proteger. Ela fecha todas as portas de seu ser. Não se expõe a ninguém, simplesmente começa a fingir. Transforma-se num ator. Ela age conforme as ordens que lhe são dadas. As dúvidas começam a surgir diante dela e são reprimidas. Sua natureza quer se reafirmar, mas ela a reprime. Sua inteligência quer questionar: "Isso não está certo, o que é que você está fazendo?" — ela abandona a inteligência. Ser retardado é mais seguro, não usar a inteligência é mais seguro. Qualquer coisa que a faça entrar em conflito com os interesses ocultos é perigosa. E abrir-se, mesmo a pessoas próximas, é arriscado.

Maquiavel, uma das pessoas mais inteligentes que já viveu nesta Terra — mas que empregou mal sua inteligência, empregou mal seu gênio —, ensina na obra-prima *O príncipe*: "Não diga nada, nem mesmo a seu amigo, a menos que você esteja disposto a dizê-lo ao seu inimigo; pois nunca se sabe... amanhã seu amigo poderá tornar-se um inimigo seu." Jamais diga contra o inimigo aquilo que você não está disposto a dizer contra seu amigo; pois... quem pode garantir? Amanhã esse inimigo poderá ser seu amigo; então você se sentirá constrangido. Portanto, esteja alerta e tenha cuidado, pondere muito bem os prós e os contras.

Mas esse tipo de vida não poderá ser de alegrias; será uma vida ardilosa, astuciosa. Ela poderá lhe proporcionar conforto e luxos, você poderá se tornar bem-sucedido no mundo, mas não se sentirá à vontade. Você não conseguirá estar em paz com a existência ou consigo mesmo. Bem no fundo estará a criança — esmagada, aleijada e fazendo tudo que contraria sua própria vontade.

Maquiavel ensinava as pessoas a serem ardilosas. Em todas as famílias da realeza na Europa, príncipes foram enviados a ele para aprender sobre diplomacia — em outras palavras, hipocrisia; em outras palavras, política; a habilidade de cometer crimes sem ser pego. E tais pessoas eram alunas de Maquiavel; entre seus alunos só havia príncipes. Ele já recebia dinheiro suficiente por esse trabalho, e, quando esses príncipes, por conta própria, se tornaram reis, Maquiavel avaliou que já era tempo de atuar como primeiro-ministro — pois quase todos os reis da Europa haviam sido discípulos seus, e nenhum deles recusava essa chance.

Mas todos os reis, sem exceção, recusaram a proposta. Todos eles lhe disseram: "Nós amamos você e respeitamos você, mas não podemos correr o risco de tê-lo como primeiro-ministro, porque você é ardiloso demais. Nosso reino estará correndo riscos. Não podemos correr esse risco. Isso está em conformidade com os seus ensinamentos. Você nos disse: 'Jamais permita que em sua Corte haja pessoas mais inteligentes que você, pois, mais cedo ou mais tarde, elas se tornarão um perigo para o seu cargo, para o poder que você tem. Eles se tornarão concorrentes seus. Mantenha sempre uma distância. Esteja sempre rodeado de pessoas medíocres.'" Portanto, todo político que está no poder continua cercado de pessoas medíocres. Ele busca pessoas que estão a uma distância tal que elas não possam sequer sonhar em removê-lo do poder ou de seu cargo. As pessoas que estão próximas demais são perigosas.

Mas esse é o ensinamento deste mundo. É por isso que todos se fecharam em si mesmos. Ninguém abre as pétalas sem medo, como uma flor, dançando ao vento, na chuva, ao sol... tão frágil, mas sem o menor medo. Todos nós vivemos com as pétalas fechadas, com medo de que, se nos abrirmos, acabaremos vulneráveis. Assim, todos usam escudos de todos os tipos — até mesmo algo como a cordialidade, que você diz estar usando como um escudo. Isso parecerá contraditório, pois a cordialidade significa uma abertura ao outro, significa compartilhar os segredos e o coração com o outro.

Mas isso não está acontecendo somente a você. Todos estão vivendo com tais contradições. As pessoas têm usado a cordialidade como escudo, o amor como escudo, a prece como escudo.

E, quando elas têm vontade de chorar, não podem; elas riem. pois o sorriso funciona como escudo. Quando não têm vontade de chorar, elas choram, pois em certas situações as lágrimas cumprem a mesma função.

Morei um tempo com um de meus tios. A irmã dele era idosa e viera de um vilarejo distante, para um tratamento de saúde na cidade. Então, morava na mesma casa conosco. Até que um dia, ela morreu.

Eu costumava me sentar no jardim do bangalô — ora trabalhando no jardim, ora lendo —, mas na maior parte do tempo eu ficava no jardim. Meu tio saía para trabalhar em sua loja, e eu ficava sozinho com minha tia na casa. Ela me pediu:

— Toque a campainha da casa se você perceber que alguém está chegando para nos dar pêsames pela morte da irmã do seu tio. Pois eu não sinto a menor vontade de ficar lamentando e chorando. Eu não sentia nada por aquela mulher. Na verdade, ela era um fardo desnecessário, uma inútil. A família inteira está se sentindo aliviada, mas ninguém é capaz de dizer isso. Quando os parentes chegam para nos dar os pêsames, temos de lamentar e chorar. Na Índia esse costume se prolonga por quase um mês. Então ela me disse: — Eu não quero ser surpreendida no meio de algo que eu estiver fazendo... alguém chega de repente e me vê sorrindo, rindo ou conversando com alguém, quando eu deveria estar me lamentando.

Então, passei a tocar a campainha para avisá-la assim que alguém se aproximava. Havia uma campainha elétrica na casa. Quando eu tocava a campainha, minha tia de imediato mudava seu comportamento. Ela colocava um *ghoonghat** sobre a cabeça, de modo que seu rosto não ficasse visível, pois mesmo que ela estivesse sorrindo, poderia derramar lágrimas — lágrimas falsas. Ao vê-la usando o *ghoonghat*, percebi que na Índia o sari** é certamente mais útil do que qualquer outra roupa. Você pode esconder completamente o seu rosto nele. Caso contrário, fica muito difícil você expressar dor, infelicidade, aflição, ansiedade, quando não está sentindo nada disso; no lugar, o que você sente é alívio, suas preces foram ouvidas. Todos desejavam a morte daquela mulher, porque já estavam fartos e ela seguia vivendo por anos e anos.

Certo dia, a campainha não tocou, e um dos parentes entrou na casa. Minha tia assistia à televisão, ria e se divertia muito. Estava sozinha na sala, e esse homem entrou pelos fundos. Ele ficou chocado. E disse: — Eu nunca imaginei que teria de ver isso. — De imediato, ela vestiu seu *ghoonghat* e começou a chorar; aquilo era tão absurdo, não fazia o menor sentido, mas ela ficou muito brava comigo. Assim que o homem foi embora, ela saiu e começou a gritar comigo.

— O que eu posso fazer se a campainha não funcionou? — Eu havia desconectado os fios. Então eu lhe disse: — Eu toquei a campainha, mas se você não ouviu, o que mais eu poderia ter feito? Como eu poderia saber que a rede elétrica não estava funcionando?

Ela olhou para os fios desconectados, e me disse:

---

* Véu usado na Índia por mulheres hindus, jainistas e *sikhs*, que lhes cobre a cabeça e o rosto. *[N. do T.]*

** Peça do vestuário em que a mulher enrola todo o corpo. *[N. do T.]*

— E quem é que pode ter desligado isso? Você e eu somos os únicos aqui.

— Eu só posso lhe garantir uma coisa: não fui eu que fiz isso. Quanto a você, já não posso dizer nada. Mas quem sabe? Por algum motivo, o seu marido pode ter feito isso, antes de sair para a loja; mas, enquanto não descobrirmos quem fez, de nada vai adiantar se irritar comigo. E lembre-se: até agora, eu vinha lhe dando o sinal, por meio da campainha. De agora em diante, isso acabou. Não vou mais tocar esta campainha. Esteja preparada.

Analisando a situação, ela se acalmou e me disse:

— Deixe pra lá. O que aconteceu, aconteceu. Mas continue a tocar a campainha.

— Qual é o sentido disso tudo? — perguntei. — Nem você nem o parente que a visitou estavam realmente tristes ou de luto. Quando o vi chegando, ele cantava uma música e fumava um cigarro. Qualquer um poderia perceber que ele estava de bom humor, desfrutando do ar da manhã, do sol e dos lindos jardins ao redor — aquele bairro era o mais lindo da cidade, e todos os seus bangalôs tinham jardins. — E no exato momento em que entrou na casa, ele atirou seu cigarro longe e fez uma cara de tristeza. Nesse momento, eu o observava, e por acaso a campainha não soou. E, se ele tivesse demonstrado que estava em choque com a morte dela, isso também teria sido hipocrisia: ele não estava em choque. Ele também estava fingindo, assim como você estava fingindo. O único que não fingia ali era eu.

Ao sair, o homem acendeu outro cigarro, ele não imaginava que eu pertencesse à família; eu morava naquela casa, mas ele não sabia disso. Então ele começou a cantar a música de um filme e seguiu caminhando.

— Pare com essa baboseira! Diga simplesmente que você se sente aliviada.

A irmã de meu tio vinha sofrendo sem necessidade, pois sua doença não tinha cura. Todos já esperavam por sua morte; os médicos estavam cansados, e também esperavam que ela morresse. Eles já haviam dito que não havia cura, mas que ela poderia seguir prolongando a vida. Ela era muito idosa. E muitas vezes acontece de os jovens morrerem rapidamente, pois a morte também requer certa energia. Pessoas muito velhas, que deveriam ter morrido há muito tempo, não têm sequer a energia para morrer. Elas simplesmente continuam se arrastando. Tornaram-se tão acostumadas à vida que se esqueceram de morrer. Na verdade, aquilo que deveria ter acontecido muito tempo atrás não aconteceu, e elas perderam o encontro marcado [com a morte]. E é bem possível que, em meio à burocracia da morte, todos tenham se esquecido da ficha dela nos arquivos.

Sabe-se que, à medida que você envelhece, percebe que menos pessoas morrem. Por exemplo, menos gente morre aos 90 anos do que aos 75. Uma quantidade ainda menor de pessoas morre aos 100. Aos 120, ninguém morre — a ficha do arquivo já foi esquecida, o homem se esqueceu de morrer. Então, no caso dessa família, todos já se sentiam aliviados com a morte dela, mas continuavam a mostrar uma expressão facial triste, que não era verdadeira.

A sociedade inteira foi criada em torno de uma ideia que é hipócrita em sua essência. É por isso que tudo se tornou falso.

Até mesmo ao demonstrar cordialidade, você mantém certa distância. Só permite que as pessoas se aproximem até determinada distância.

Pessoas como Adolf Hitler... sabe-se que ele nunca permitia a alguém que colocasse as mãos em seus ombros. Uma pessoa como Adolf Hitler jamais permitiria tamanha intimidade. Essas pessoas querem que os outros se mantenham longe; a uma distância que lhes permita fingir. Pois, se a pessoa chegar muito perto delas, poderá enxergar por trás da máscara. Ou então constatar que aquele rosto não é o delas, que há ali uma máscara, com o rosto por trás.

Portanto, não apenas você, mas todos no mundo em que vivemos têm sido falsos e inautênticos.

A imagem que tenho de um *sannyasin* é de um rebelde, de uma pessoa em busca de seu *self* original, de seu rosto original. De uma pessoa disposta a largar todas suas máscaras, suas pretensões, sua hipocrisia, e a mostrar ao mundo quem ela realmente é. Se é amada ou condenada, respeitada, honrada ou desonrada, se foi coroada ou crucificada, pouco importa; pois ser você mesmo é a maior bênção na existência. Mesmo que você seja crucificado, enquanto estiver sendo crucificado, se sentirá realizado e imensamente satisfeito.

Lembre-se das últimas palavras de Jesus na cruz. Ele orou a Deus: "Pai, perdoai essas pessoas que estão me crucificando, pois elas não sabem o que fazem." Ele não está zangado, não está se queixando. Pelo contrário, está orando por elas, para que elas sejam perdoadas. Que enorme dignidade a desse homem! Um homem verdadeiro, sincero, um homem que conhece o amor e a compaixão, e que compreende que as pessoas estão cegas, inconscientes, adormecidas, espiritualmente adormecidas. Enquanto agem, elas estão praticamente dormindo.

Ser iniciado no *sannyas* significa simplesmente o início do abandono de todas as máscaras. E isso é o que aos poucos está acontecendo com você. Você está sentindo que há um novo espaço... não seja impaciente. Você tem sido condicionado há tanto tempo, há tantos anos — sua vida toda —, então o descondicionamento levará algum tempo. Você tem sido bombardeado por todo tipo de ideias falsas. Levará um tempinho para abandoná-las, para que você perceba que elas são falsas, que são pseudoideias.

Na verdade, assim que você percebe que uma coisa é falsa, não é difícil abandoná-la. No instante em que você percebe que o falso é falso, ele desaparece sozinho. A simples percepção disso já é o bastante. A conexão se rompe, sua identidade com ele é perdida. E, assim que o falso desaparece, o real surge inteiramente novo, com toda sua beleza. Pois a sinceridade é beleza, a honestidade é beleza, a verdade é beleza. Simplesmente ser você mesmo é ser lindo. E, a meu ver, não há outra religião além desta.

Só um pouco mais de paciência... o que você tem acumulado em seu sono de muitos, muitos anos, mesmo que você desperte, a poeira dos sonhos que você acumulou levará um tempo para desaparecer. Mas a sua consciência, a sua compreensão e a coragem com que está determinado e comprometido com a busca de si mesmo, tudo isso dissolverá a falsidade com que as pessoas o têm tratado. Elas também estão inconscientes — seus pais, seus professores —, não fique zangado com eles. Assim como você, eles são vítimas. Os pais, os professores e os padres delas corromperam suas mentes, e os seus pais e professores corromperam vocês. Tudo o que você pode fazer é: não corrompa as crianças pequenas. Os seus filhos são seus irmãos e irmãs. Qualquer pessoa que você possa influenciar, não a influencie de um modo que ela se torne falsa; ajude esta pessoa a ser ela mesma.

O que tem sido feito a você sob um estado inconsciente, não deve fazer aos outros — pois você está se tornando um pouco mais consciente, e a cada dia essa consciência aumentará. Ela precisa de nutrição e de apoio; e estando aqui comigo e com todos esses companheiros de viagem, você poderá ter um enorme apoio e sustentação. Toda esta atmosfera servirá para fazer com que o seu *self* autêntico surja em meio a todas as nuvens que o rodeiam. Mas certamente é preciso um pouco de paciência.

Você jamais imaginou que as coisas que lhe foram ensinadas por seus pais — que amam você —, seus professores e seus padres poderiam estar erradas. Mas estão; isso criou todo um mundo que é errado. Ele está completamente errado, e as provas disso estão ao longo de toda a História: todas as guerras, todos os crimes, todos os estupros... Milhões de pessoas foram assassinadas e queimadas vivas em nome da religião, em nome de Deus, em nome da liberdade, em nome da democracia, em nome do comunismo — belos nomes. Mas o que está por trás desses belos nomes é tão feio que um dia o homem olhará para a História como se fosse a história da insanidade, não de uma humanidade sadia.

O *sannyas* é uma tentativa de, pelo menos, fazer com que você tenha sanidade e ajude os outros a alcançá-la. Para isso, o primeiro passo é: jamais fingir. Sejam quais forem as consequências, seja verdadeiro. Por mais fácil que a hipocrisia possa parecer, ela é perigosa, porque destruirá a sua própria espiritualidade, sua própria humanidade. Não vale a pena. É melhor que tudo isso seja tirado de você e que a sua dignidade e o seu orgulho da condição de ser sejam deixados intactos. Isso é mais do que suficiente para se sentir bem-aventurado e grato à existência.

O gênio cria, o meditador descobre

Osho,

Quando uma pessoa como Nietzsche ou Gertrude Stein morre — gênios que provavelmente teriam se iluminado se tivessem encontrado um mestre —, que tipo de consciência eles carregam consigo para a próxima vida, e o que, exatamente, em suas vidas passadas lhes permitiu experimentar esse imenso potencial, um florescimento tão grande e talentos tão excepcionais? Terá sido o desejo de seguir seus próprios caminhos sem um mestre?

Há muitas coisas envolvidas nessa pergunta. Primeiramente, você pergunta: "Quando uma pessoa como Nietzsche ou Gertrude Stein morre — gênios que provavelmente teriam se iluminado se tivessem encontrado um mestre — que tipo de consciência eles carregam consigo para a próxima vida?"

A primeira coisa a ser compreendida é que a consciência não tem nada a ver com o gênio. Todos podem ser um Gautama Buda. Nem todos podem ser um Michelangelo, nem todos podem ser um Friedrich Nietzsche.

Mas todos podem ser um Zaratustra, pois a realização espiritual é um direito de nascença de todos. Não é um talento como a pintura, a música, a poesia ou a dança; também não é algo que pertença a um gênio.

Um gênio tem uma inteligência tremenda, mas isso ainda é da mente. A iluminação não é da mente, ela não é o intelecto; ela é uma inteligência de natureza totalmente diferente. Portanto, a primeira coisa a ser lembrada é que não são apenas pessoas como Nietzsche que perderam a chance de viajar rumo a seu próprio *self*; foram grandes intelectuais, gênios inigualáveis — mas isso tudo é da mente. E ser um Gautama Buda, um Lao Tzu ou um Zaratustra significa sair da mente, encontrar-se num estado sem mente. Pouco importa se você tem uma mente grande, uma mente pequena, uma mente medíocre ou se você é um gênio; o fato é que você precisa estar fora da mente.* No momento em que você está fora da mente, está dentro de si mesmo.

Portanto, o estranho é que, quanto mais intelectualizado for o indivíduo, mais distante ele estará de si mesmo. Seu intelecto o leva para estrelas muito distantes. Ele é um gênio, poderá compor uma poesia maravilhosa, poderá criar esculturas maravilhosas. Mas, no que diz respeito a si mesmo, você não precisa ser criado, porque já está aí.

O gênio cria, o meditador descobre.

Portanto, não crie uma categoria à parte para Nietzsche, Gertrude Stein e Albert Schweitzer, uma categoria que os separe das outras pessoas. No mundo da mente, eles são muito mais ricos que você, mas no mundo fora da mente, eles são tão pobres quanto você. E esse é o espaço que importa.

Depois, você pergunta: "Que tipo de consciência eles carregam consigo para a próxima vida?" Eles não têm nenhum tipo de consciência que carregarão para suas próximas vidas. Eles

---

* A expressão original, "*to be out of your mind*", também significa "estar louco". *[N. do T.]*

têm certo gênio, certo talento, certa inteligência; carregarão essa inteligência para a próxima vida, mas lhes falta a consciência.

A consciência é uma questão bem diferente. Não tem nada a ver com a criatividade, com a inventividade, com a ciência ou com a arte; ela tem algo a ver com um tremendo silêncio, com a paz, com um centramento — algo que eles não têm. Portanto, não se trata aqui de eles levarem ou não certa consciência para a próxima vida; para começar, eles não a têm. Quando a tiverem, eles poderão levá-la para a vida seguinte. Aquilo que tiverem, levarão para a próxima vida. Eles se tornarão grandes gênios, se tornarão melhores cantores, se tornarão mais talentosos em suas áreas de atuação, mas isso nada tem a ver com a meditação ou com a consciência. Vão ficar tão inconscientes quanto você ou qualquer outra pessoa.

É como se vocês todos adormecessem aqui, agora; vocês começarão a sonhar. Um de vocês poderá ter um sonho muito lindo, muito agradável, muito rico, e outro de vocês poderá ter um pesadelo. Mas ambos são sonhos. E, no momento que eles acordarem, saberão que o lindo sonho e o pesadelo não são diferentes — ambos são sonhos. São não existenciais, são projeções da mente.

Quando um homem comum medita, ele chega ao mesmo espaço de bem-aventurança que foi alcançado por Nietzsche, Albert Einstein ou Bertrand Russell. Esse espaço de bem-aventurança não será diferente, não será mais rico para Bertrand Russell pelo fato de ele ser um grande intelectual. Tais valores não têm importância alguma fora da mente; nesse aspecto, são irrelevantes.

Essa é uma excelente notícia, pois significa que um lenhador ou um pescador podem tornar-se um Gautama Buda. Um Jesus inculto, um Kabir inculto, que não mostram nenhum indício de genialidade, ainda podem se iluminar, pois a iluminação não é um talento, ela é a descoberta do seu ser. E o ser de todas as pessoas é absolutamente igual. Esse é o único lugar — não é na União Soviética nem na China — em que o comunismo existe.

A única situação em que o comunismo existe é quando alguém se torna um Gautama Buda, um Zaratustra, um Lao Tzu. De repente, todas as distinções, os talentos intelectuais desaparecem. Resta somente o céu puro, sem qualquer distinção entre o mais alto e o mais baixo.

E você me pergunta: "O que, exatamente, em suas vidas passadas, permitiu-lhes experimentar esse imenso potencial?"

A cada momento, você está crescendo, não importa o que esteja fazendo. Um guerreiro vai adquirir certos traços típicos da natureza guerreira, o corte afiado de uma espada, e ele carregará tais traços para a próxima vida. Um matemático, na próxima vida, fará com que sua inteligência matemática alcance picos mais altos. É por isso que as pessoas são tão diferentes, tão desiguais, porque em vidas passadas todos fizeram coisas diferentes, acumularam experiências diferentes, moldando a mente de determinada maneira. Nada se perde, tudo o que você fizer o acompanhará como se fosse sua sombra. Ela o seguirá e crescerá cada vez mais.

Se Nietzsche é um grande filósofo, ele deve ter filosofado em vidas passadas — talvez por muitas, muitas vidas —, pois um gênio como esse precisa de um passado filosófico muito longo.

Mas o mesmo se aplica a todos. Todos têm determinado talento, já desenvolvido ou não; depende da sua decisão, do seu compromisso. Uma vez comprometido, você aceitou a responsabilidade de crescer numa direção. Não apenas indivíduos: raças inteiras de pessoas se desenvolveram em direções distintas.

Por exemplo, os *sikhs* na Índia não são diferentes dos hindus. Eles surgiram há apenas quinhentos anos, como seguidores de um homem iluminado, Nanak. Formaram uma seita diferente, mas são hindus. E nesses quinhentos anos, aconteceu um fenômeno estranho, que não aconteceu em nenhuma outra parte do mundo. Numa família judia, você não encontrará uma pessoa cristã; numa família muçulmana, você não encontrará um hindu. Mas, nestes quinhentos anos, estabeleceu-se uma convenção de que em Punjab, onde predominam os *sikhs*, o filho mais velho de uma família hindu deve se tornar *sikh*. Ele continua pertencendo à família. Toda pessoa ao redor é hindu — o pai é hindu e a esposa talvez seja hindu —, mas ele é *sikh*.

E o estranho é que, pelo simples fato de eles serem *sikhs*, o caráter desses hindus mudou completamente. Em nome da não violência, os hindus se tornaram covardes; a agressão ferve dentro deles, mas eles têm a não violência como ideal. Os *sikhs* não acreditam na não violência; eles tampouco acreditam na violência; acreditam na espontaneidade.

Uma determinada situação pode exigir o uso da violência e outra situação pode exigir a não violência; não há como você fazer disso um princípio de vida. É preciso permanecer aberto, disponível e capaz de responder ao momento presente. E não há diferença de sangue entre eles — as diferenças são risíveis —, mas eles criaram uma raça inteiramente nova.

Qualquer hindu ou muçulmano pode se tornar *sikh*, porque a mudança é muito simples. Você precisa ter cabelos longos, não pode se barbear ou tirar o bigode; tem de usar um turbante e deve carregar um pente dentro do turbante; você deve usar um anel de aço, um bracelete, simplesmente para mostrar que é *sikh*, e tem de carregar uma espada. Você deve sempre estar vestindo uma roupa por baixo.

O fato de essas coisas terem mudado as pessoas é um milagre, pois o comportamento de um *sikh* é completamente diferente daquele dos hindus. Ele é um guerreiro, não um covarde. Ele é mais sincero, mais simples, é uma pessoa que age mais com o coração.

Aconteceu certa vez... Eu estava indo a Manali, uma região montanhosa, havia chovido e o motorista de minha limusine era *sikh*. Ele começou a ficar com medo. A estrada era bem estreita, e a limusine, bastante grande. A pista estava escorregadia; havia poças em toda a extensão do caminho. A certa altura, ela pareceu muito perigosa. Estávamos num desfiladeiro e, centenas de metros abaixo, corria um grande rio — e nós naquela estradinha estreita. Ele parou o carro, saiu do veículo e ficou sentado ali. Disse, então:

— Não posso seguir adiante, vamos simplesmente morrer.

— Não se preocupe — falei. — Sente-se no banco do passageiro; eu dirijo.

— Isso é ainda mais perigoso! Não vou lhe dar as chaves.

— Mas isso é muito estranho... nós viajamos a noite inteira, 12 horas de viagem; já chegamos à metade do caminho. Até mesmo para voltar, você terá de rodar 20 quilômetros, mais 12 horas de viagem pela mesma estrada perigosa. Se você optar por voltar ou por seguir em frente, dá no mesmo.

— Não é a mesma coisa — sentenciou ele. — Nós passamos pela estrada, e sobrevivemos; no trecho por onde passamos, eu consigo. Mas seguir em frente me parece simplesmente cometer suicídio; não posso continuar.

Naquele mesmo instante, o inspetor-geral de Punjab, que estava indo a um acampamento, apareceu com seu jeep. Ao nos ver parados ao lado da limusine, ele perguntou:

— Qual é o problema?

— Que bom, você chegou na hora certa; esse motorista não está querendo seguir estrada adiante.

O inspetor-geral também era um *sikh*. Ele se aproximou do motorista e lhe disse:

— Você é um *sikh*. Esqueceu-se disso? Entre no carro.

Por mais estranho que pareça, o motorista obedeceu imediatamente.

— O que aconteceu? — perguntei. — Eu estava argumentando com você sobre...

— Não se trata de argumentar. Eu sou um *sikh*. Não estou autorizado a sentir medo, mas tinha me esquecido disso.

Uma pequena e simples ideia pode mudar não apenas o indivíduo, mas toda a raça.

Nós vimos como, na Alemanha, Adolf Hitler criou uma raça de guerreiros como nunca antes vista, simplesmente lhes transmitindo a ideia de que "Vocês são os arianos mais puros", "Vocês nasceram para governar o mundo inteiro". E, uma vez que essa ideia penetrou as mentes deles, ele quase conquistou o mundo. Durante cinco anos, ele seguiu fazendo conquistas. As pessoas ficaram com tanto medo que alguns países simplesmente lhe cederam passagem, sem sequer lutar. Que sentido faria lutar contra aquelas pessoas? Elas eram super-humanas.

Essas ideias também são carregadas de uma vida à outra.

Na Índia, há os sudras,* os intocáveis. Há cinco mil anos, eles têm sido condenados e oprimidos como nenhum outro povo em todo o mundo. Eu costumava frequentar os rituais, mas eles não permitiam que eu me sentasse junto deles. Eu dizia:

— Vocês são tão humanos quanto qualquer outra pessoa e, na verdade, o serviço que vocês prestam é muito mais valioso do que o de qualquer primeiro-ministro ou presidente de qualquer país. A Índia teria mais paz se não houvesse presidentes e primeiros-ministros, mas, sem vocês, o país não pode sobreviver. Vocês mantêm o país limpo, e fazem os trabalhos mais sujos; deveriam ser respeitados por isso.

Eles me ouviam, mas dava para perceber que não estavam dispostos a aceitar a ideia de que são iguais a outros seres humanos. Durante cinco mil anos, eles não se revoltaram contra tamanha opressão, tamanha humilhação — simplesmente seguem carregando isso de uma vida à outra; isso vai se enraizando cada vez mais.

Você me pergunta: "Terá sido o desejo deles de seguir seus próprios caminhos sem um mestre?" Não, eles não faziam a menor ideia da imensa experiência que acontece entre um mestre e um discípulo. Eles nunca tomaram uma decisão consciente de seguir o próprio caminho.

Na verdade, nunca houve mestres no Ocidente. Tem havido salvadores. Estes não são mestres; eles não o ajudam a iluminar-se; eles o ajudam a permanecer não iluminados. Simplesmente acredite neles e eles o salvarão, você não precisa fazer nada. O Ocidente conheceu profetas e mensageiros de Deus, mas não

---

* Quarta e mais baixa casta da Índia, os sudras, também chamados de "intocáveis", são considerados impuros. *[N. do T.]*

conheceu nenhum mestre. Conheceu místicos, mas eles permaneceram silenciosos no Ocidente, percebendo que não seriam compreendidos. Foi a atmosfera de milhares de anos no Oriente que deu a algumas poucas pessoas a coragem de dizer coisas que não podem ser ditas. Foi uma longa herança que deu a alguns poucos místicos a possibilidade de se tornarem mestres. O Ocidente ignorou completamente toda uma dimensão de vida.

O Oriente também ignorou muitas coisas — ignorou a mente científica, ignorou o progresso tecnológico. O Oriente continuou sendo pobre e foi muito facilmente invadido por vários povos, pois toda a sua alma era devota a uma coisa somente, todo o restante era irrelevante: não importa quem está governando o país, o que importa é se você é ou não iluminado. Não importa se você é pobre ou rico, o que importa é se você conhece ou não a si mesmo — uma devoção de uma única dimensão. E, por causa disso, o Oriente tem uma atmosfera própria.

Assim que você penetra na atmosfera do Oriente, de repente sente uma diferença. O Ocidente é mais lógico; o Oriente é mais amoroso. O Ocidente é mais da mente; o Oriente está mais para um estado sem mente, de meditação.

Não, eles não perderam a chance de ter contato com um mestre; essa ideia nem sequer existia para eles. Mesmo hoje, milhões de pessoas do Ocidente ignoram tudo sobre mestres, discípulos e meditação. É somente a geração mais nova — e mesmo assim, uma pequena parcela dela — que penetrou a dimensão do Oriente e ficou chocada com o fato de a verdadeira riqueza não ser o mundo externo, mas o mundo interior.

Ginsberg está morrendo.

— Chame o padre — pede ele a sua esposa — e lhe diga que eu quero ser convertido ao catolicismo.

— Mas, Max, você foi um judeu ortodoxo em toda a sua vida... Que conversa é essa, agora? Você quer se converter?

Ginsberg responde:

— É melhor que um deles morra, do que um dos nossos.

As pessoas têm vivido como judeus, como cristãos ou muçulmanos, mas não têm vivido simplesmente como religiosas. E também no Oriente somente umas poucas pessoas têm vivido em pura religiosidade. Mas estas mesmas preencheram o Oriente todo com uma fragrância que parece ser eterna.

Deus pediu a Moisés que escolhesse a Terra Prometida que ele gostaria de receber. Após ponderar vários aspectos, Moisés escolheu a Califórnia, mas reza a lenda que tinha um problema de fala, era gago. Então respondeu:

— Ca... Ca... Ca...

Então Deus disse:

— Canaã? Aquele terreno baldio?! Está bem, então, Mo. Se você quer mesmo isso, assim será.

Pobre Moisés, por causa de um problema de fala, ele acabou recebendo Canaã — que hoje é Israel; seu antigo nome é Canaã. Mas, na mente ocidental, desde o início ele desejava a Califórnia. Moisés poderia ter pedido a Caxemira, para onde acabou indo e onde morreu; ele poderia ter pedido a terra de Gautama Buda. Mas o Oriente tem exercido atração apenas entre aqueles que os psicólogos denominam "introvertidos", e o Ocidente tem atraído apenas aqueles conhecidos como "extrovertidos".

Seguir na direção do Oriente significa ir para dentro; seguir na direção do Ocidente significa ir para fora. Há milhares de anos, buscadores autênticos têm vindo ao Oriente. Eles encontraram uma certa atração magnética. No lugar em que tantas pessoas meditaram, eles criaram um imenso reservatório de energia. Quando se está nessa atmosfera, as coisas ficam mais simples... pois toda a atmosfera lhe oferece apoio emocional, lhe dá sustento.

Viajei pelo mundo e constatei como o Ocidente desconhece completamente a graça do Oriente. Como é que o homem ocidental desconhece a si mesmo? Consegue pensar na estrela mais distante, mas não em si. O Oriente tem mantido um compromisso com um objetivo simples: que a pessoa seja ela mesma e que conheça a si mesma. A menos que você conheça a si mesmo, e que você seja você mesmo, sua vida terá sido perdida; ela não desabrochou, não floresceu. Você não cumpriu o seu destino.

Os sinos dobram por você

Osho,

Nestes últimos dias [logo após o desastre com o reator nuclear em Chernobyl, em 1986], tenho muitas vezes sentido que o chão está se abrindo debaixo de meus pés. Minha sensação é como se tudo que eu amo ou já amei no passado estivesse sendo destruído. Meus pais, meu filho, meu irmão e minha irmã, meus amigos e outras pessoas que amo — estão todos em perigo. Para mim, é difícil conceber que nada existe além deste momento. Sinto medo e me pergunto: "O que vai acontecer a partir de agora?" Mas quem está perguntando a quem? Tudo me parece tão absurdo e vazio. Às vezes chego a pensar que estou enlouquecendo.

As épocas de desastres nos tornam alerta quanto à realidade do jeito que ela é. Sempre é frágil; todos estão sempre em perigo. Em tempos normais, você está em sono profundo, então não percebe: você segue sonhando, imaginando lindas coisas para os dias que virão, para o futuro. Mas, nos momentos em que o perigo é iminente, então de repente você se dá conta de que pode não haver futuro, pode não haver amanhã — e que este é o único momento que você tem.

Portanto, as épocas de desastres são muito reveladoras. Elas não trazem nada de novo ao mundo; simplesmente tornam você alerta sobre o mundo tal como ele é — elas o despertam. Se você não compreender isso, poderá ficar louco; se compreender, poderá despertar.

Isso me lembra de uma história.

Um grande guerreiro, um dos melhores espadachins de seu país, tinha um servo muito obediente. Ele o amava, confiava nele. Certo dia, estava longe de casa, quando o servo cometeu um erro... o que é simplesmente humano. No momento em que o guerreiro retornou, ficou tão furioso com o erro do servo que o desafiou a um duelo com espadas. Ele não queria simplesmente matá-lo: o erro que o servo cometera era enorme, embora este não compreendesse isso. Ele arruinou um dos grandes quadros do guerreiro, enquanto o limpava. O guerreiro lhe disse:

— Como eu sempre o amei, não o matarei. Vou lhe dar uma chance: você duelará comigo. Pegue esta espada e venha comigo.

O servo respondeu:

— Você sabe, meu Senhor, que eu não sei nem mesmo como segurar uma espada. É melhor que me mate; me mataria de qualquer maneira, já que é um famoso espadachim. Não há como eu sair vitorioso desse duelo.

Mas o guerreiro era teimoso e disse:

— Você terá de lutar.

O servo disse então:

— Terá de esperar pelo menos uma hora. Irei ao encontro de meu mestre, com quem tenho aprendido meditação — apenas para lhe prestar minhas últimas homenagens, pois não acho que conseguirei sobreviver a um duelo com você.

O guerreiro atendeu o pedido do servo, que foi ter com seu mestre.

O mestre deu risada.

— Não se preocupe. Esta é uma boa oportunidade para você, pois é absolutamente certo de que ele é um grande guerreiro e que matará você. Você não sabe nada sobre a arte dos espadachins, portanto irá morrer.

"Você não tem futuro algum, e não tem nenhuma possibilidade de vencer; tudo o que você tem é este momento. Por que não ser total uma única vez em sua vida? Eu conheço este guerreiro: ele não o deixará em paz se ameaçou matá-lo. Mas ele lhe deu uma chance, e eu acho que esta é uma grande oportunidade."

O servo não conseguia entender.

— Mas que oportunidade é essa? Ele simplesmente vai me matar! Eu não sei nem mesmo como segurar uma espada, e ele é um campeão nisso. Para ele, será nada mais que uma brincadeira.

— Essa é a questão. Ele achará que você é somente um servo; do que será capaz? Ele não sentirá medo de morrer; não estará pensando que não há amanhã. Ele ainda terá amanhã e também o futuro. Ele estará em seu sono de sempre. Mas você não estará. Você não tem nenhum amanhã, não tem nenhum futuro: este é o momento, e você não tem nada a perder. Você vai morrer, então por que não ser total e lutar com todo o seu ser? E não se preocupe com o fato de saber ou não a arte do espadachim. Use este momento com intensidade total.

Nesse meio-tempo, a vizinhança toda já havia se aglomerado em torno do local. O servo chegou. É claro que o guerreiro estava completamente imerso no nível comum da sonolência — para ele, matar aquele homem era uma simples brincadeira.

Mas, para o servo, aquilo não era brincadeira; era uma questão de vida ou morte. Ele lutou com tanta fúria, de um modo tão pleno, que o mestre começou a recuar. Ele nunca tinha visto... ele lutara sua vida inteira, mas nunca tinha se deparado com um lutador como aquele! Todos os guerreiros que ele enfrentara viviam em sua realidade comum, adormecidos como ele; nenhum deles temia que não haveria futuro, que não haveria o amanhã.

Para o servo, porém, tudo um dia terá de acabar, então por que não dar o melhor de si? Ele não conhecia nada daquela arte, mas, quando se está diante do fim, que importância tem se você está atacando de maneira certa ou de maneira errada? E isso fez com que o guerreiro sentisse ainda mais medo. Ele sabia como duelar com pessoas que conheciam a sua arte; mas esse homem não sabia nada. Ele simplesmente o golpeava de um lado, e então do outro, sem entender coisa alguma sobre o que estava fazendo! Ele se mostrava total e intenso, pois aquele era seu derradeiro momento e ele não queria esperar mais nada. Para quê? Pois o próximo momento seria a morte.

Portanto, ele estava plenamente desperto. Seu ser se mostrava total e integrado, e ele derrotou o guerreiro. Ele não o matou, mas o guerreiro sucumbiu. Enquanto o servo apontava a ponta da espada para o peito dele, lhe perguntou:

— E agora, o que você quer? Eu sempre o amei, não posso matá-lo. Você vai aceitar a derrota ou não?

E, pela primeira vez em toda a sua vida, o guerreiro admitiu a derrota.

Milhares de pessoas testemunharam aquela cena. Elas mal podiam acreditar que um servo comum havia conseguido aquilo. E, além de ele ter saído vitorioso, naquele mesmo instante largou a espada e declarou:

— A partir de agora, não serei mais seu servo; já encontrei o meu caminho. Sou grato a você e sempre serei; foi por sua causa que despertei.

Ele tornou-se um homem iluminado. Naquele momento, experimentou a completude do ser, o mais alto pico do ser.

Tudo depende de como você usa o momento; pode entrar em pânico, pode enlouquecer, pode se desintegrar de medo, em lágrimas. Mas nada disso vai ajudar sua família, seus amigos ou a pessoa que você ama. Tampouco vai ajudar você. Isso simplesmente criou uma situação na qual aqueles que têm um pouco de inteligência podem começar a dedicar cada vez mais de seu tempo à meditação, porque o amanhã realmente é incerto. Sempre houve incerteza em relação ao amanhã, mas essa incerteza é agora maior do que nunca. Esse desastre talvez seja o início de uma série de desastres, pois não há segurança no interior de nenhuma dessas usinas nucleares. Se algo der errado — e agora sabemos que em uma usina as coisas deram errado —, então eles já não têm mais poder, estão simplesmente desamparados. Não são capazes de controlar a energia que estão criando.

Um desastre semelhante pode ocorrer nos Estados Unidos, pode ocorrer na Alemanha. Muito próximo a essa usina que explodiu há duas outras construídas na mesma época, pelo mesmo arquiteto. Elas devem ter os mesmos defeitos. Há enormes chances de que a segunda exploda em breve e que não demore muito tempo para que isso aconteça à terceira. E tais desastres podem causar pânico em milhares de pessoas que trabalham nas demais usinas; elas poderão deixar de ter aquilo que chamam de "comportamento controlado". Ao adotarem um comportamento agitado e frenético, poderão cometer erros que nunca cometeram antes. Para isso, basta apertarem um botão errado.

Mas você pode usar isso como o momento de uma ótima oportunidade.

Nós estamos sempre em perigo.

Você conhece o velho ditado: "Nunca pergunte por quem os sinos dobram. Eles dobram por você." Quando alguém morre, o sino da igreja dá o aviso a todo o vilarejo. Mas nunca pergunte por quem o sino está dobrando; ele sempre dobra por você, seja quem for a pessoa que acaba de morrer. Cada uma das mortes é a sua morte, pois cada morte é um lembrete de que você não estará aqui para sempre. Cada morte é uma oportunidade para estar desperto. Antes que a morte chegue, use a oportunidade da vida para alcançar algo que está além da morte.

Não tem o menor sentido estar preocupado, porque você estará simplesmente perdendo o momento, e não ajudará ninguém. E não são apenas os seus pais, amigos e as pessoas que você ama que estão em perigo: o mundo inteiro está em perigo. É só uma questão de tempo. Alguém está em perigo hoje, amanhã outra pessoa é que estará em perigo — mas o perigo está aí. Portanto, aprenda o segredo de como transcender o perigo. O segredo é: comece a viver mais amplamente, com mais completude. Esteja mais alerta, de modo que possa encontrar dentro de si mesmo algo que a morte não poderá alcançar. Esse é o único abrigo, a única segurança. E, caso queira ajudar seus amigos e sua família, ajude-os a ficarem alerta sobre esse segredo.

O que aconteceu acontecerá de novo e repetidas vezes, pois há muitas usinas nucleares, até mesmo em países subdesenvolvidos, que carecem de *know-how* tecnológico, que ainda estão nos tempos da carroça, coisas de dois ou três mil anos atrás. Elas não são contemporâneas, portanto esses desenvolvimentos tecnológicos recentes são muito estranhos para esses países. Mas eles têm de continuar se desenvolvendo, pois os outros países estão fazendo isso, e a competição e o medo... Isso já aconteceu na Rússia, um país em que tal tecnologia é contemporânea. O que ocorrerá se isso se repetir no Paquistão ou na Índia? Eles não têm nenhuma sensibilidade em relação à tecnologia. A distância entre eles e a tecnologia nuclear é tamanha que não tem como ser eliminada. Técnicos americanos e russos poderiam construir uma usina e cedê-la a esses países, mas isso será difícil.

Haverá desastres. Isso é apenas o começo. Use essa oportunidade para estar desperto — é tudo o que você pode fazer. Não há mais nada a ser feito.

E diga a seus amigos que usem este momento para a meditação, pois o desastre que ocorreu na usina nuclear em Chernobyl, próximo a Kiev, não é algo que, uma vez que acontece, está acabado. Seus efeitos vão perdurar por décadas, por pelo menos trinta anos. Portanto, não se trata de uma casa que queimou, e tudo está acabado...

Nos arredores de Kiev, particularmente nesta região da Ucrânia, está localizada a principal área da União Soviética na produção de trigo e outros gêneros alimentares. Mas, nos próximos trinta anos, não será possível plantar nada nessa região. Durante trinta anos a radiação afetará as frutas, os legumes, o trigo e o leite, pois as vacas continuarão a pastar naqueles campos. E todo organismo vivo — grama, trigo, frutas — absorve a radiação imediatamente; ela torna-se parte deles. E quando você os come, ela passa a fazer parte do seu organismo. Deve haver milhares de mulheres que estão grávidas. Se a radiação as contaminou, seus filhos poderão nascer com deformidades, cegos, aleijados, com problemas cerebrais — tudo é possível. É melhor que eles nasçam mortos; caso contrário, será uma tragédia para o resto de suas vidas. Portanto, esse é um perigo não apenas para quem está vivo, mas para os que ainda nascerão. E o mesmo se aplica aos animais. Se as fêmeas estiverem prenhes, seus rebentos serão aleijados.

E os governos continuam a mentir. Você pode perceber o quanto os políticos são capazes de mentir. Mais um acidente como este... e tudo depende dos ventos. Você não pode controlá-los; os ventos podem levar as nuvens, os gases e a radiação para qualquer direção, para qualquer país, para qualquer lugar. Portanto, a área afetada não se limita a um único país e seus arredores. A usina pode estar localizada em qualquer lugar, e você pode estar a milhares de quilômetros de distância e mesmo assim ser afetado, porque os ventos podem conduzir a radiação. E você estará mais vulnerável, pois não estará em estado de alerta, e não tomará nenhuma precaução.

O perigo é imenso, mas como a vida em si está sempre sob o poder da morte, esta é uma boa oportunidade para ficar alerta. Caso contrário, sua morte virá sem nenhuma informação prévia: de repente, ela chega e não lhe resta mais um único momento. E mesmo nos casos em que a morte é certa — câncer, aids —, os médicos, a família, os amigos, todos tentam esconder o fato de que ela está próxima. Munidos de boas intenções — mas boas intenções não ajudam nada —, eles estão prejudicando a pessoa. Essa pessoa deve ser alertada: "Você vai morrer dentro de um mês. Não lhe resta mais tempo; portanto, neste mês, faça todas as coisas que possam lhe dar um sabor da imortalidade."

Então, quando você morrer, não haverá tristeza — você simplesmente se deslocará deste corpo para um outro, ou então se iluminará... Uma repentina consciência da morte pode torná-lo iluminado. Portanto, é só uma questão de como usar todas as coisas — sejam elas o que forem. Use-as corretamente. O desastre é imenso, o perigo é imenso, mas a oportunidade também é imensa.

As multidões são sempre uma mixórdia*

Osho,

O que um belo e iluminado sujeito como você está fazendo no meio desta miscelânea, esta mixórdia que é este nosso grupo? (Na verdade, não tenho um interesse verdadeiro em saber o que você está fazendo; simplesmente não pare de fazê-lo!)

Toda multidão é uma mixórdia, mas nenhum indivíduo é uma mixórdia. Cada indivíduo é uma consciência autêntica. No momento em que ele se torna parte da multidão, perde sua consciência; então é dominado pela mente coletiva e mecânica. Você me pergunta o que estou fazendo aqui? Estou fazendo uma coisa simples: retirando indivíduos para fora dessas mixórdias, dando a eles individualidade e dignidade.

Não quero que haja multidões no mundo. Se elas estão reunidas em nome de uma religião, em nome de uma nacionalidade ou em nome de uma raça, isso pouco importa. A multidão em si é uma coisa feia, e ela tem cometido os maiores crimes no mundo.

---

* A expressão empregada na pergunta feita a Osho, *"a motley crowd"*, designa um grupo numeroso formado por pessoas dos mais variados tipos e origens, resultando em uma mistura bastante heterogênea e até mesmo incongruente de elementos. Em geral, a expressão é usada com sentido negativo, como ocorre com a palavra "mixórdia". *[N. do T.]*

Pois a multidão não tem consciência. Ela é uma inconsciência coletiva.

A consciência transforma a pessoa em um indivíduo — um pinheiro solitário dançando ao vento, um pico de montanha solitário e banhado pelo sol em sua suprema glória e beleza, um leão solitário e seu rugido imensamente belo que segue ecoando quilômetros adentro, nos vales.

A multidão é sempre formada por carneiros; e todos os esforços do passado foram no sentido de transformar cada um dos indivíduos numa peça da engrenagem, na parte morta de uma multidão morta. Quanto mais inconsciente ele for, e quanto mais o comportamento dele for dominado pela coletividade, menos perigoso ele será.

Na verdade, ele se torna quase inofensivo. Ele não é capaz sequer de eliminar a sua própria escravidão. Pelo contrário: ele começa a glorificar sua própria escravidão: sua religião, sua nação, sua raça, sua cor. Esses são tipos de escravidão que ele começa a glorificar.

Enquanto indivíduo, ele não pertence a nenhuma multidão. Toda criança nasce como indivíduo. Mas um homem raramente morre como um indivíduo.

Meu trabalho é ajudá-lo a encontrar-se com sua morte com a mesma inocência, a mesma integridade e a mesma individualidade que você tinha ao nascer.

Entre seu nascimento e sua morte, a sua dança deveria continuar sendo uma tentativa consciente e solitária de buscar as estrelas sozinho, sem fazer concessões, com um espírito rebelde. Se você não tiver um espírito rebelde, não tem espírito nenhum. Não há outro tipo de espírito disponível.

E você pode ter a certeza de que eu não vou parar! Esta é minha única alegria: livrar o maior número possível de pessoas de sua escravidão, libertá-las de suas celas sombrias, suas algemas, suas correntes. Trazê-las à luz, de modo que também possam conhecer as belezas deste planeta, a beleza do céu, as cores da existência. Para além disso, não existe Deus, e não existem templos de Deus.

Em liberdade, você pode entrar no templo. No meio de uma coletividade, numa multidão, você simplesmente se mantém agarrado a cadáveres do passado. Um homem que vive conforme a multidão já parou de viver. Ele simplesmente a segue como um robô.

E o homem na multidão sempre se comportou cegamente. Se você retirar esse homem da multidão e lhe perguntar "O que está fazendo? Você não consegue fazer isso sozinho?", ele se sentirá constrangido. E você ficará surpreso ao ouvir a resposta dele: "Quando estou sozinho, não consigo fazer uma coisa estúpida como essa, mas quando estou no meio de uma multidão algo estranho acontece."

Morei durante vinte anos numa cidade que era dividida meio a meio entre hindus e muçulmanos. Ambos os grupos tinham um poder igual, e praticamente todo ano havia tumultos e conflitos nas ruas. Eu conheci um professor na universidade em que lecionava. Eu jamais imaginei que esse homem seria capaz de atear fogo em um templo hindu; ele era um verdadeiro cavalheiro — gentil, muito instruído, culto. Sempre que ocorria um conflito, eu ficava observando, da calçada. Enquanto os muçulmanos queimavam um templo hindu, os hindus queimavam uma mesquita muçulmana.

Vi esse professor enquanto ele ateava fogo no templo hindu. Chamei-o de lado e lhe perguntei:

— Professor Farid, o que você está fazendo?

Bastante constrangido, ele respondeu:

— Desculpe, eu me perdi em meio à multidão. Todos estavam fazendo isso, e eu me esqueci de minha própria responsabilidade: as pessoas da multidão é que eram responsáveis. Pela primeira vez, me senti inteiramente livre de qualquer responsabilidade. Ninguém pode me culpar. Era uma multidão de muçulmanos, e eu era só uma parte dela.

Em outra ocasião, a loja de relógios de um muçulmano estava sendo saqueada. Ele tinha uma valiosíssima coleção de relógios. Na loja estava um velho sacerdote hindu. As pessoas que roubaram e destruíram a loja, e assassinaram o seu proprietário, eram todas hindus. Um velho sacerdote, conhecido meu, mantinha-se parado nos degraus de entrada da loja, gritando furiosamente àquelas pessoas: "O que vocês estão fazendo? Isso vai contra nossa religião, nossa moralidade, nossa cultura. Não está certo."

Eu observava o desenrolar da cena a partir de uma livraria, no primeiro andar de um edifício em frente, do outro lado da rua. Mas a maior surpresa ainda estava por vir. As pessoas já haviam levado quase todos os artigos valiosos da loja, mas ainda restava um velho relógio de pêndulo — enorme e muito antigo. Ao notar que todos estavam indo embora, o velho sacerdote colocou aquele relógio enorme nas costas. Ele mal conseguia carregá-lo, porque era pesado demais. Eu mal acreditava no que estava vendo! Até então, ele tentava impedir as pessoas de roubar, e este era o último artigo que sobrara na loja. Eu saí da livraria e fui até lá para tentar impedir o sacerdote, dizendo:

— Isso é estranho. Você ficou gritando, o tempo todo: "Isso vai contra nossa moralidade! Isso vai contra nossa religião, não façam isso!" E agora você está levando o maior relógio da loja.

— Eu dei vários berros, mas ninguém me ouvia. Então, por fim me ocorreu que eu estava simplesmente berrando e desperdiçando meu tempo, enquanto todos eles levavam algum produto. Então achei melhor levar este relógio antes que alguém o pegue, pois é o último relógio que sobrou.

— Mas o que aconteceu com a religião, a moralidade e a cultura?

Ele estava envergonhado, mas respondeu:

— Quando ninguém mais se importa com a religião, com a cultura e com a moralidade, por que é que eu tenho de ser a última vítima? Eu também faço parte da mesma multidão. Tentei de tudo para convencê-los, mas, se ninguém está disposto a seguir a religião, a moral e o caminho correto, não serei eu que darei uma de perdedor, passando por estúpido. Ninguém nem me ouvia, ninguém me deu atenção.

E ele saiu levando o relógio.

Já vi pelo menos uma dúzia de conflitos naquela cidade, e perguntei às pessoas que participavam de incêndios criminosos, de assassinatos, de estupros: "Você conseguiria cometer esse crime sozinho?"

E todos eles, sem exceção, me diziam: "Sozinho eu não teria feito aquilo. Como muitas pessoas estavam envolvidas, não havia como responsabilizar alguém. Eu não poderia ser culpado, a multidão é que era responsável."

O homem perde a sua limitada consciência muito facilmente no oceano coletivo da inconsciência. É essa a causa de todas as guerras, todos os conflitos, todas as cruzadas, todos os assassinatos.

Na comparação com a multidão, indivíduos cometeram pouquíssimos crimes. E no caso dos indivíduos que cometeram crimes, suas motivações eram totalmente diferentes: eles nasceram com uma mente criminosa, nasceram com uma química criminosa, eles precisam de tratamento. Mas o homem que comete um crime por fazer parte de uma multidão não precisa de tratamento — tudo o que é preciso é que seja retirado da multidão. Ele deve passar por uma limpeza; deve ser separado de todo tipo de escravidão, de todo tipo de coletividade. Ele deve ser novamente transformado em um indivíduo, assim como veio ao mundo.

As multidões precisam desaparecer do mundo. Somente indivíduos devem continuar existindo. Os indivíduos, então, poderão fazer reuniões, poderão entrar em comunhão, poderão dialogar. Neste exato momento, por serem parte de uma multidão, eles não são livres — nem sequer têm consciência o suficiente para ter um diálogo ou uma comunhão.

Meu trabalho é o de retirar indivíduos da multidão, seja ela cristã, muçulmana, hindu ou judaica; ou então uma multidão política, uma multidão racial, a multidão de uma nação, indiana, chinesa ou japonesa. Sou contra a multidão e absolutamente a favor do indivíduo, pois somente o indivíduo pode salvar o mundo. Somente o indivíduo pode ser o rebelde e o novo homem, o alicerce para a futura humanidade.

Uma professora faz perguntas a três meninos de sua sala:

— O que sua mãe estava fazendo no momento que você saía para vir à escola esta manhã?

— Lavando a louça — responde Tom.

— Limpando o quarto — diz Dick.

— Ela estava se preparando para sair para caçar patos — comenta Harry.

— O quê?! O que você está dizendo, Harry?

— Bem, professora, meu pai foi embora de casa, então ela atirou as calcinhas no fogo e disse que iria voltar para a brincadeira.*

As pessoas são imitadoras. Elas não agem mais com base em suas próprias opiniões e crenças; elas estão apenas reagindo. O marido abandona a casa, e isso faz com que ela reaja, com que queira se vingar — e ela vai voltar para a brincadeira. Esse não é um ato que nasce a partir da consciência, não é um sinal de individualidade. É assim que a mente coletiva funciona — sempre de acordo com um outro alguém. Se este é a favor ou contra, pouco importa; se é conformista ou não, pouco importa. Mas a pessoa é sempre guiada e motivada pelos outros, sempre recebe ordens dos outros. Se tiver de decidir sozinha, ela se verá completamente perdida: *O que farei agora?*

Eu ensino as pessoas que estão comigo a serem meditadores, a serem pessoas que gostam da solitude, a serem capazes de respeitar a si mesmas sem pertencer a multidão alguma; que não venderão a própria alma em troca de algum prêmio, distinção, respeitabilidade ou prestígio que a sociedade pode oferecer. O prêmio delas está dentro de seu próprio ser: em sua liberdade, em seu silêncio, em seu amor, em suas ações criativas — não em suas reações. O que os outros fazem não é determinante para a vida delas; a vida delas brota de seu interior. Ela tem raízes na terra e

---

* Trocadilho com a palavra inglesa "*game*", que significa "brincadeira, jogo", mas também "caça". *[N. do T.]*

galhos no céu. Ela tem seu próprio anseio de buscar as estrelas. Somente um homem como esse pode ter beleza e graça. Só um homem como esse realizou o desejo da existência de lhe dar à luz, de lhe dar uma oportunidade. Aqueles que seguem fazendo parte da multidão perderam uma chance preciosa.

O terrorismo está em sua própria inconsciência

Osho,
O aumento dos casos de terrorismo na última década é, de alguma maneira, um símbolo do que está acontecendo à sociedade de modo geral?

Tudo está profundamente relacionado com o que acontece. Um ato terrorista certamente está relacionado a tudo que está acontecendo na sociedade, que está desmoronando. As velhas estruturas da sociedade, sua disciplina, sua moralidade e sua religião, tudo isso está baseado em coisas erradas. Ela perdeu o poder que tinha sobre a consciência das pessoas.

O terrorismo é simplesmente um sinal de que a destruição de vidas humanas não importa, que não há nada nos seres humanos que seja indestrutível, que tudo é matéria — e você não pode matar a matéria, pode somente alterar a sua forma. A partir do momento em que o homem é considerado uma simples combinação de elementos materiais, e que não se considera mais o ser espiritual que existe dentro dele, matar passa a ser uma simples brincadeira.

As nações são irrelevantes, devido às armas nucleares. Se o mundo inteiro pode ser destruído em minutos, a única alternativa é que o mundo inteiro deve estar junto; hoje, ele não pode mais continuar dividido. Sua divisão é perigosa, pois a qualquer momento pode se transformar em guerra. A divisão não deve ser tolerada. Basta uma única guerra para destruir tudo, portanto não resta muito tempo para que o homem compreenda que devemos criar um mundo onde a própria possibilidade de guerra não exista.

Por trás do terrorismo há várias tendências ocultas. Uma delas é que, por causa da criação de armas nucleares, as nações estão canalizando todas as suas energias para essa área, julgando que as armas tradicionais já estão ultrapassadas. Elas estão ultrapassadas, mas os indivíduos ainda podem usá-las. E você não pode usar armas nucleares contra indivíduos – isso seria mera estupidez. Se um terrorista decide lançar uma bomba, isso não é justificativa para que um míssil nuclear seja lançado de volta [como retaliação].

O que quero enfatizar é que as armas nucleares deram aos indivíduos uma certa liberdade de usar armas antigas, o que não era possível antigamente, já que os governos também usavam essas mesmas armas.

Hoje, os governos se ocupam em destruir as armas antigas, em jogá-las no mar, em vendê-las aos países pobres, que não têm condições de comprar armas nucleares. E todos esses terroristas vêm desses países pobres — trazendo as armas que foram vendidas a seus países. E contam com uma proteção estranha: não há como usar armas nucleares contra eles, não há como jogar bombas atômicas sobre eles.

Eles podem lançar bombas sobre você e, de repente, você se sente impotente. Tem uma imensa quantidade de bombas atômicas em mãos, bombas nucleares — mas, às vezes, quando se precisa de uma agulha, uma espada talvez não tenha qualquer serventia. O fato de você ter uma espada não significa, necessariamente, que você está numa posição superior à do homem que tem uma agulha, pois haverá situações em que somente uma agulha terá utilidade — a espada não terá utilidade alguma.

Essas pequenas armas antigas foram sendo acumuladas, e as grandes potências precisaram se livrar delas. Esses países poderiam jogá-las no mar, o que implicaria um custo enorme, uma mão de obra enorme; uma energia tão grande estaria sendo desperdiçada, de modo que, economicamente, isso seria um desastre. Mas continuar a acumulá-las também seria economicamente inviável. Quantas armas você é capaz de acumular? Há um limite para isso. E, quando surge uma nova maneira de matar pessoas com maior eficiência, então torna-se necessário se livrar da maneira antiga.

Considerou-se que seria melhor vendê-las a países pobres. Os países pobres não conseguem produzir armas nucleares; o custo é alto demais. E essas armas chegavam a eles por um custo baixo, como uma forma de auxílio. Esses países as aceitaram, mas tais armas não podem ser usadas numa guerra, quando já são inúteis. Mas ninguém percebeu a possibilidade de que essas armas pudessem ser usadas por indivíduos, portanto um novo fenômeno — o terrorismo — pôde emergir daí.

Hoje um terrorista detém um poder estranho, até mesmo em relação às maiores potências do mundo. Ele pode lançar bombas sobre a Casa Branca sem qualquer medo, pois as armas que você tem são grandes demais para serem lançadas contra ele. E as armas dele são as mesmas que você vendeu a ele! Mas a possibilidade desse fenômeno não foi aventada, pois a psicologia humana não foi compreendida.

Do modo como vejo, da maneira como o homem vive, ele precisa de uma guerra a cada dez ou 12 anos. Ele acumula tanta raiva, tanta ira, tanta violência que somente uma guerra será capaz de aliviá-lo. Assim, acontece uma guerra após a outra, com um intervalo entre dez e 15 anos. Esse intervalo é um tipo de relaxamento. Mas então você começa a acumular, pois a mesma psicologia está em ação — a mesma inveja, a mesma violência.

O homem, em sua essência, é um caçador; por natureza, ele não é vegetariano. Em primeiro lugar, ele se tornou um caçador, e durante milhares de anos ele foi simplesmente carnívoro; o canibalismo predominava em toda parte. Era perfeitamente ético comer seres humanos da tribo contra a qual você lutava. Isso tudo faz parte do inconsciente da humanidade.

As religiões fizeram imposições de um modo muito superficial ao homem; o inconsciente dele não está em harmonia. Todos os homens estão vivendo uma desarmonia consigo mesmos. Portanto, sempre que ele encontra uma oportunidade para abraçar uma bela causa — liberdade, democracia, socialismo —, qualquer palavra bonita poderá lhe servir de escudo para esconder seu feio inconsciente, que simplesmente quer e aprecia a destruição.

Hoje, uma guerra mundial já se tornou quase uma impossibilidade; caso contrário, não haveria terrorismo. Já passou um tempo suficiente desde a Segunda Guerra Mundial; a Terceira Guerra Mundial deveria ter acontecido por volta de 1960. Não aconteceu. Isso tem sido rotineiro ao longo de toda a História, e o homem está programado para isso.

Psicólogos já constataram que, em tempos de guerra, as pessoas se sentem mais felizes do que em tempos de paz. Em tempos de guerra, a vida delas tem emoção; em tempos de paz, elas parecem entediadas. Em tempos de guerra, logo de manhã cedo elas já estão lendo o jornal, ouvindo o rádio. Os eventos podem estar acontecendo bem longe delas, mas elas se sentem muito empolgadas. Há algo dentro delas que lhes dá uma sensação de empatia.

A guerra que deveria ter acontecido em algum momento entre 1955 e 1960 não aconteceu, e o homem se sente sobrecarregado pelo desejo de matar, pelo desejo de destruir. Mas ele simplesmente busca nomes agradáveis para dar a isso.

O terrorismo vai crescer cada vez mais, pois a Terceira Guerra Mundial é quase uma impossibilidade. E os políticos idiotas não têm uma alternativa. O terrorismo simplesmente significa que aquilo que vinha sendo feito numa escala social hoje tem de ser feito numa escala individual. Isso crescerá. E só poderá ser impedido se mudarmos o próprio alicerce da compreensão humana — o que é uma tarefa colossal — e ainda mais pelo fato de que as mesmas pessoas que você deseja mudar são as que desejam brigar; elas não lhe permitirão mudá-las facilmente. Na verdade, elas adoram um derramamento de sangue; só não têm a coragem de admitir isso.

Em um romance existencialista, é narrado um lindo incidente, que praticamente pode ser considerado um fato real:

Um homem é levado ao Tribunal por ter assassinado um estrangeiro que estava sentado na praia. Ele nunca tinha visto esse estrangeiro antes. Ele não o matou por dinheiro. Nem sequer sabe qual era a aparência do homem, já que o matou pelas costas, esfaqueando-o. Eles nunca tinham se encontrado antes — então não eram inimigos. Não eram sequer conhecidos; não tinham visto o rosto um do outro antes.

Sem conseguir compreender, o juiz perguntou ao assassino:

— Por que você fez isso?

O homem respondeu:

— Quando eu esfaqueei aquele homem, e um enorme jorro de sangue saiu de suas costas, aquilo foi um dos momentos mais bonitos que eu já testemunhei. Eu sei que o preço que pagarei por aquilo será a pena de morte, mas estou disposto a pagar: valeu a pena. Vivi minha vida inteira em tédio, sem a menor empolgação, sem nenhuma aventura. Finalmente, tive de decidir fazer algo. E essa atitude me fez famoso no mundo inteiro; minha foto está em todos os jornais. E estou perfeitamente feliz por ter feito isso.

Não havia qualquer necessidade de provas. O homem não negava o crime; pelo contrário, ele o glorificava. Mas o Tribunal tinha seus procedimentos de rotina: a apresentação de testemunhas ainda era necessária: somente a palavra dele não bastava. Ele poderia estar mentindo, talvez não tivesse assassinado o homem. Ninguém o viu — não havia uma única testemunha —, então, a polícia deveria apresentar alguma prova circunstancial.

Uma possível prova era: o homem talvez tenha cometido o crime por causa de sua vida passada e de sua história de vida. Ele era jovem quando sua mãe morreu. E, no momento que foi informado sobre a morte da mãe, ele disse: "Que merda! Essa mulher não vai me deixar em paz nem no dia de sua morte! Hoje é domingo, e já reservei ingressos para ir ao teatro com minha namorada. Mas eu sabia que ela faria alguma coisa para destruir meu dia; e ela conseguiu."

A mãe dele morreu, e ele reclama que ela havia destruído seu domingo! Seu plano era ir ao teatro com a namorada, e agora precisava ir ao enterro. As pessoas que ouviram a reação dele ficaram chocadas. Elas disseram:

— Isso não está certo. O que você disse?

— Como é? O que é que está certo, e o que está errado? Ela não poderia ter morrido num outro dia? A semana tem sete dias, ela poderia ter morrido entre segunda-feira e sábado. Mas vocês não conhecem minha mãe; eu a conheço. Ela fez isso de propósito.

A segunda prova é que ele compareceu ao funeral e, naquela mesma noite, foi visto ao lado de sua namorada, dançando numa discoteca. Alguém então lhe perguntou:

— O que você está fazendo aqui?! Sua mãe acabou de morrer.

— E daí? Isso quer dizer que eu nunca mais vou poder dançar? Minha mãe não viverá mais, ela continuará morta; então que importância tem se eu dançar seis horas, oito horas, oito meses ou oito anos depois da morte dela? Que importância isso tem? Ela está morta. E eu preciso dançar, viver e amar, apesar dessa morte. Se todos parassem de viver por causa da morte de sua mãe, ou da morte de seu pai, não haveria mais dança ou canções no mundo.

A lógica dele é absolutamente correta. Ele quer dizer: "Onde é que você traça o limite? Depois de quantas horas eu posso dançar? Doze horas, 14 horas, seis semanas? Onde é que você coloca o limite? Baseado em quê? Qual é o critério? Portanto, não importa. Uma coisa é certa: quando eu dançar, isso acontecerá depois da morte da minha mãe; então, resolvi dançar hoje. Por que esperar até amanhã?"

Essa prova circunstancial foi apresentada ao Tribunal. Que este homem é estranho, ele é capaz de fazer uma coisa dessas. Mas se você analisar de perto este pobre homem, não ficará zangado com ele; no lugar, sentirá uma grande compaixão. Ora, a morte de sua mãe não é culpa dele; e, de qualquer maneira, um dia ele terá de dançar, então não faz diferença. Você não pode culpar esse homem por dizer coisas feias: "Ela morreu num domingo de propósito, só para estragar o meu prazer", pois, em toda a sua experiência de vida, minha mãe deve ter estragado todas as possibilidades de sentir prazer. E sua última conclusão foi: "Ela não vai me deixar em paz nem na hora que morre."

E você não poderá culpar o homem por ter assassinado um estrangeiro — porque ele não é um ladrão; não roubou nada dele. Eles não são inimigos; ele nem sequer olhou para o homem que iria matar. Estava, simplesmente, entediado com a vida e queria fazer algo que o fizesse sentir-se significativo e importante. Está agora feliz por todos os jornais terem publicado uma foto dele. Se tivessem publicado essa foto antes, ele não teria cometido o crime; mas esperaram — só publicariam a foto quando ele cometesse o assassinato. Ele queria ser uma celebridade: um simples desejo humano. E estava disposto a pagar com a vida para se tornar famoso no mundo inteiro, reconhecido por todos, pelo menos por um dia.

Enquanto não mudarmos os princípios fundamentais da humanidade, o terrorismo continuará se tornando, cada vez mais, um fato cotidiano. Acontecerá nos aviões, acontecerá nos ônibus. Começará a acontecer nos carros. Começará a acontecer com pessoas estranhas. De repente, alguém surge diante de você e o mata; não é que você tenha feito qualquer coisa a ele; o caçador simplesmente está de volta.

Na guerra, o caçador se satisfazia. Agora, a guerra terminou e talvez não haja possibilidade de que ela recomece. O caçador está de volta; não podemos mais lutar coletivamente. Cada indivíduo precisa fazer algo para liberar suas emoções e sua raiva.

As coisas estão interconectadas. A primeira coisa a ser mudada é: o homem deve festejar mais — algo que todas as religiões aniquilaram. Os verdadeiros criminosos não foram pegos. Esses terroristas e outros criminosos são as vítimas.

Todas as religiões é que são as verdadeiras criminosas, pois destruíram todas as possibilidades de celebração. Elas destruíram sua chance de apreciar as pequenas coisas da vida; condenaram tudo que a natureza lhe proporciona para torná-lo feliz, para lhe trazer entusiasmo e ser prazerosa. Elas lhe retiraram tudo isso; e se não conseguiram retirar de você algumas poucas coisas, por elas estarem enraizadas em sua biologia — como o sexo —, então no mínimo elas conseguiram envenená-las.

A meu ver, Friedrich Nietzsche é um dos maiores videntes do mundo ocidental; ele tem olhos realmente capazes de penetrar fundo na raiz de um problema. Mas como as demais pessoas não foram capazes de ver — seus olhos não eram tão penetrantes, e sua inteligência não era tão aguda —, ele continuou a viver sozinho, abandonado, isolado, não sendo amado ou respeitado.

Em uma de suas declarações, Nietzsche diz que as religiões ensinaram ao homem a condenar e renunciar ao sexo. A religião não tem conseguido isso; e o homem fez um grande esforço [tentando condenar e renunciar ao sexo], mas fracassou, pois o sexo está profundamente enraizado em sua biologia; ele constitui seu corpo inteiro. O homem nasce do sexo, então como será capaz de se livrar dele a não ser cometendo suicídio? Portanto, o homem tentou, e as religiões o têm ajudado a se livrar do sexo; milhares de disciplinas e estratégias têm sido usadas. O resultado é que o sexo está aí, mas envenenado. Esta palavra, *envenenar*, foi um tremendo insight. As religiões não foram capazes de eliminar o sexo, mas tiveram sucesso ao envenená-lo.

A mesma situação se aplica a outras coisas: as religiões condenam a pessoa que vive em conforto. Ora, um homem que vive no conforto e no luxo não poderá se tornar um terrorista. As religiões têm condenado as riquezas e louvado a pobreza; ora, um homem que é rico não pode ser um terrorista. Apenas os "abençoados" que são pobres podem ser terroristas, porque não têm nada a perder. E pelo fato de os outros possuírem coisas que eles não possuem, eles estão fervendo de raiva em relação ao resto da sociedade. As religiões têm tentado consolá-los.

E então surgiu o comunismo — uma religião materialista —, que provocou as pessoas, dizendo a elas: "Todas as antigas religiões são ópio para o povo, e não é por causa de suas ações más nesta vida ou em vidas anteriores que vocês sofrem na pobreza. Sofrem por causa da perversa exploração da burguesia e dos super-ricos."

Na última frase de seu *Manifesto comunista*, Karl Marx diz: "Proletários de todo o mundo, uni-vos; vocês não têm nada a perder, e têm o mundo inteiro a ganhar." Vocês já são pobres, estão famintos e nus, então o que mais podem perder? Suas mortes não os tornará mais infelizes do que a vida os está tornando, então por que não aproveitar a chance e destruir as pessoas que lhes tiraram tudo? Tomem as coisas de volta, distribuam-nas. Aquilo com que as religiões têm de certa maneira consolado as pessoas, de repente o comunismo fez com que elas percebessem — embora isso tenha sido feito de modo errado, astucioso e mentiroso. Isso manteve as pessoas semiadormecidas.

Ora, isso significa que o mundo nunca será um lugar de paz se não retirarmos do homem todas as ideias apodrecidas que foram implantadas nele. A primeira delas são as religiões. Os valores do homem devem ser removidos de modo que ele possa sorrir e rir novamente, possa festejar outra vez, voltar a ser natural.

Em segundo lugar, deve ser deixado claro às pessoas: o que o comunismo está afirmando está psicologicamente errado. Você está saindo de uma armadilha e caindo em outra. Não existem dois homens iguais; portanto, a noção de igualdade é uma bobagem. E se você decidir que os homens são iguais, terá de aceitar a ditadura do proletariado. Isso significa que você terá de perder sua liberdade. Primeiro, a Igreja e Deus lhe roubaram a liberdade. Agora, a sua igreja é substituída pelo comunismo, que roubará sua liberdade. E, sem liberdade, você é incapaz de festejar; você vive com medo, não em alegria.

Se pudermos limpar o porão do inconsciente da mente humana... e é nisso que consiste o meu trabalho. Ele pode ser limpo: o terrorismo não está nas bombas que estão em suas mãos; o terrorismo está no seu inconsciente. Caso contrário, esse estado de coisas só ficará mais doloroso. Ao que parece, todos os tipos de pessoas cegas têm em mãos bombas que estão lançando aleatoriamente.

A Terceira Guerra Mundial teria aliviado as pessoas durante dez ou 15 anos. Mas a Terceira Guerra Mundial não poderá acontecer, pois se acontecer, ela não aliviará ninguém, só destruirá as pessoas.

Assim, a violência individual aumentará — já está aumentando. E todos os seus governos e suas religiões continuarão perpetuando as antigas estratégias, sem compreender a nova situação.

A nova situação é que cada um dos seres humanos precisa passar por uma terapia, precisa compreender suas intenções inconscientes, precisa passar pela meditação, de modo que possa se acalmar, tornar-se mais sereno e olhar para o mundo sob uma nova perspectiva: a do silêncio.

Liberdade e amor, o centro e a circunferência

Osho,

Muito obrigado pelos seus ensinamentos. Sou muito grato. Cheguei aqui faminto e você está me alimentando. Minha pergunta é: fui criado de um modo que me levou a acreditar que o compromisso é absolutamente necessário para que um relacionamento dê certo. De que modo duas pessoas podem se comprometer uma com a outra? O que faz com que um relacionamento dê certo, com que ele funcione? Tenho medo do compromisso, por isso evito os relacionamentos. O que é realmente necessário em um relacionamento amoroso?

A primeira coisa a ser entendida é que eu não tenho nenhum ensinamento. Não estou ensinando nada a você, pois ensinar significa simplesmente condicionar sua mente — em outras palavras, fazer uma programação nela. O que estou fazendo aqui é exatamente o oposto de ensinar: estou criando um espaço em que você possa desaprender tudo o que aprendeu até agora. Eu não sou um professor.

Esta é a diferença entre um professor e um mestre: o professor ensina, o mestre o ajuda a desfazer tudo que os professores fizeram antes. A função do mestre é exatamente oposta à do professor.

O professor presta serviço à sociedade convencional; ele é um agente do passado. Trabalha para a geração mais velha. Ele tenta condicionar as mentes da nova geração para que elas possam ser subservientes, obedecer ao passado e a tudo que é velho — seus pais, a sociedade, o Estado, a Igreja. A função do professor é antirrevolucionária, é reacionária.

O mestre é, em sua essência, rebelde. Ele não está a serviço do passado, não é um agente de tudo o que você possa imaginar como sociedade convencional — religiosa, política, social, econômica. Todo o empenho dele está em ajudá-lo a descobrir sua individualidade. Isso nada tem a ver com a tradição, com a convenção. O caminho que você tem de seguir é para dentro, não para trás. Ele não está, de modo algum, interessado em colocar você dentro de um determinado padrão; ele o liberta.

Assim, o que estou fazendo aqui não é ensinar.

Esse seu entendimento é equivocado, mas isso acontece pois você tem vivido entre professores, todo tipo de professores. É raro deparar-se com um mestre, pois a sociedade não permite que ele surja.

A sociedade tem muito medo do mestre; caso contrário, por que ela envenenou Sócrates? Para quê? Ele é o mestre do mais alto grau, nunca foi superado por nenhum outro. Seu crime foi ter sido um mestre; a sociedade queria que ele fosse um professor. Ele estava ajudando as pessoas a descobrir a verdade. E a sociedade não tem interesse nisso. Ela tem interesse em ocultá-la cada vez mais, pois vive através de mentiras — que ela chama de crenças.

Todas as crenças são mentiras; por maior que seja a beleza com que elas são apresentadas, são mentiras.

A verdade não pode ser transmitida de uma pessoa à outra. Somente mentiras podem ser transferidas, são passíveis de ser transferidas.

A verdade é intransferível.

O mestre não pode lhe entregar a verdade, pode apenas criar mecanismos para que você possa descobrir a sua própria verdade. Trata-se sempre da sua própria autenticidade, do seu próprio ser. Quem mais poderia dá-lo a você?

O professor finge que está lhe entregando a verdade, mas o que entrega é apenas uma mentira bem enfeitada — embora essa mentira possa ser muito antiga e venha sendo repetida por milhões de anos, de modo a parecer verdade. Em sua autobiografia, *Minha luta*, Hitler diz: "A única diferença que conheço entre uma mentira e uma verdade é que a verdade não passa de uma mentira que foi repetida muitas vezes." Portanto, você fica hipnotizado por ela — e pode ver que isso está acontecendo em toda parte.

As pessoas estão venerando pedras — pessoas que têm olhos, que têm inteligência, venerando pedras! Elas foram hipnotizadas desde muito cedo. Acreditam em todo tipo de idiotices, em todo tipo de superstições, mas não se dão conta disso. Estão praticamente em um estado de embriaguez, vivem sob hipnose. Esse é todo o segredo da hipnose: repetir uma coisa várias e várias e várias vezes.

Se você consultar um hipnotizador para solucionar um problema, a sugestão que ele lhe dará é sempre a de repetir algo. Se você estiver sofrendo de insônia, ele lhe dirá: "Continue repetindo: 'Estou caindo no sono, estou caindo no sono, caindo no sono...'" Continue repetindo, e você cairá no sono. Mas esse sono não será natural, será deliberadamente criado. Será falso, será um pseudossono; não terá a espontaneidade de um sono verdadeiro. Trata-se de um fenômeno da mente, algo imposto. Você forçou a si mesmo a cair no sono.

As mães conhecem isso muito bem. Quando uma criança quer ficar acordada e a mãe quer que ela durma, ela começa a cantar uma cantiga de ninar, que nada mais é do que hipnose. Uma pequena canção, com um ou dois versos, repetidos inúmeras vezes, cria o tédio, e o tédio é um dos melhores tranquilizantes que já se descobriu. Com essa repetição, qualquer pessoa cairá no sono, de tédio.

Você pode continuar repetindo uma determinada mentira dessa mesma maneira — Hitler, com sua propaganda, mostrou como isso é possível. Ele espalhou mentiras que são absolutas, e um dos povos mais inteligentes do planeta, os alemães, acreditou nele. O povo mais culto, que deu luz a grandes filósofos, pensadores, professores e eruditos do calibre de Kant, Hegel, Fichte, Feuerbach e Marx, caiu numa hipnose profunda — a raça inteira! E não apenas pessoas comuns, mas um gigante como Heidegger, um dos filósofos mais importantes de nossa época, caiu na mesma armadilha. Ele passou a dizer que Hitler tinha razão.

E o que Hitler vinha dizendo? Ele dizia que o mundo estava caminhando na direção da ruína por causa dos judeus. Ora, não há a menor relação entre essas duas coisas, nenhuma lógica. Os judeus não têm nada a ver com o fato de o mundo estar prestes a ruir. Na verdade, naquela época, os judeus não tinham um país próprio, tampouco ocupavam o poder em qualquer país. Eles eram os menos responsáveis pelo caminho que o mundo estava seguindo, rumo à ruína — pois, sem estar no poder, como você pode destruir a humanidade? Mas, ainda assim, os alemães acreditaram nisso. Eles começaram a acreditar nisso simplesmente por causa da repetição: a repetição era muito frequente.

No início, as pessoas riam de Hitler, pensando: "Ele é louco! Isso é um simples absurdo!" Mas ele era teimoso: continuou martelando, não deu ouvidos às risadas do povo. Ele era um idiota, talvez não tenha sequer entendido a risada dos alemães. Ele era um imbecil! Continuou martelando [suas ideias] e, no fim, saiu vitorioso: convenceu o povo.

É desse modo que toda a arte da publicidade segue existindo, por meio da simples repetição. Quando as luzes néon foram descobertas e os anúncios publicitários começaram a aparecer em néon — "Sabonete Lux Luxo" ou outro produto —, no início a luz ficava fixa, você conseguia ler a frase de uma só vez. Logo depois, psicólogos sugeriram: "Faça com que as luzes fiquem acendendo e apagando." O letreiro acende, e então apaga; acende e apaga. Assim, no momento que a pessoa passar diante dele, ela terá lido pelo menos vinte ou trinta vezes — ele se apaga, mas acende novamente, e você terá de lê-lo novamente. Portanto, com vinte ou trinta repetições a cada vez que a pessoa passa, isso será mais eficaz. Repita a frase na televisão, no rádio, nas revistas, nos jornais, repita-a em toda parte. Por onde a pessoa vá, faça-a deparar-se com as palavras "Sabonete Lux Luxo", e em breve ela estará hipnotizada. Ela vai ao supermercado, à drogaria, e começa a comprar o sabonete Lux, acreditando que essa é uma escolha dela. Mas outra pessoa fez essa escolha por ela.

Todos os ensinamentos estão criando um tipo de estado hipnótico em você. A função do mestre é desipnotizá-lo, descondicioná-lo, desprogramá-lo, de modo que você possa novamente ser inocente como uma criança, de modo que você possa voltar a operar a partir de um estado de não saber.

Um bêbado, cambaleando de volta para casa, seguia batendo a cabeça nas árvores próximas ao meio-fio da rua — uma vez, duas, três vezes. Por fim, parou e disse a si mesmo: "É melhor... hic!... eu esperar até que esse desfile termine!"

Assim é que são os cristãos, os hindus, os muçulmanos: estão todos embriagados por certas filosofias que lhes têm sido repetidas continuamente. Estão vendo coisas que não existem, e não estão vendo coisas que existem.

Um irlandês caminhava por uma rua puxando uma corda amarrada a um tijolo quando o policial O'Murray, que fazia sua ronda diária, viu a cena e decidiu fazer um gracejo com o homem:

— Cachorro bonito esse seu, hein, meu senhor?

— Minha Nossa Senhora! — respondeu o irlandês. — Você não vê que não tem cachorro nenhum aqui, seu policial? Isso aqui é um tijolo amarrado a uma corda!

— Oh, perdão, senhor! — exclamou o policial, que logo se afastou.

O irlandês então se voltou para o tijolo e sussurrou perto dele:

— Conseguimos enganar ele direitinho, hein, Rover?

Eu não estou ensinando nada a ninguém, aqui, estou retirando muitas coisas de vocês. Esse trabalho é negativo: não se trata de lhe dar nada, mas de retirar muitas coisas de você, de modo que acabe restando somente o seu ser natural. Este não pode ser tirado de você. Somente aquilo que lhe foi dado pode lhe ser tomado; aquilo que você traz consigo desde o nascimento é intrínseco a você, não lhe pode ser tirado. O mestre deixa você completamente nu, e nesta nudez está a beleza, nesta nudez está a verdade, nesta nudez está a liberdade. Nesta nudez estão o amor e a bem-aventurança, bem como tudo aquilo pelo que o coração anseia, e tudo o que pode tornar a sua vida significativa.

Você me diz: "Sou muito grata. Cheguei aqui faminta e você está me alimentando." Dizer isso é muito melhor do que chamar de ensinamento o que estou fazendo. Está mais próximo da verdade. Este é um banquete! Estou compartilhando meu ser com você, não um ensinamento qualquer.

A sua pergunta é: "Fui criada de um modo que me levou a acreditar...". Aqui está o problema de todos os seres humanos: todos foram criados de um modo que os levou a acreditar em algo. Nenhum pai ou mãe ainda se mostrou capaz de amar os seus filhos a ponto de deixá-los livres de condicionamentos. Os pais falam sobre o amor, mas tudo isso é falso. Eles mesmos talvez não tenham consciência disso, é verdade; talvez não saibam o que estão fazendo; estão inconscientes. Os pais deles fizeram algo a eles, e eles estão repetindo o padrão com os filhos. As pessoas seguem dando, umas às outras, coisas que receberam de outros. Suas intenções talvez sejam boas, mas elas não têm consciência o suficiente. Como elas não estão alerta, seguem transmitindo crenças.

Em um mundo melhor, pai nenhum ou mãe nenhuma lhe transmitirá crenças. Eles certamente lhe darão coragem para investigar, a coragem para você se aventurar. Vão aguçar a sua inteligência, de modo que quando você se deparar com uma mentira, seja capaz de reconhecê-la de imediato, mas não lhe darão nenhuma crença. Nenhum pai ou mãe que ama seus filhos pode transmitir crenças, pois crenças são venenosas. Elas destroem a sua inteligência, destroem a sua coragem e criam preconceitos em você.

A humanidade inteira está repleta de preconceitos — é por isso que estamos sofrendo tanto. Não há necessidade de tanto sofrimento, de tanta escuridão. A única razão para a existência de tal sofrimento é muito simples: estão todos sobrecarregados de crenças, todos estão olhando através dessas crenças, e não diretamente.

E, sempre que você olha através de crenças, não consegue enxergar o real. Os olhos devem estar completamente vazios para poderem enxergar o real. Os ouvidos devem estar completamente vazios para poderem ouvir o real, a verdade. Se você já está *pré-ocupado*, possuído por determinadas ideias, então essas ideias funcionam como obstáculos. Se você estiver olhando com base em um certo preconceito, então passará a impor isso, a projetar isso, e então tudo que chega a você já vem distorcido.

Na fase inicial da ciência, os cientistas acreditavam que nossas mentes e nossos sentidos tinham a função de reunir as informações que nos chegassem do mundo externo. Eles são portas; o mundo entra através dessas portas — os sentidos e as mentes, que funcionam como pontes. Mas pesquisas mais recentes já provaram o contrário: os seus sentidos não funcionam como portas, a sua mente não funciona como uma ponte. Por estar tão repleta de crenças, a mente funciona exatamente no sentido contrário: ela impede a realidade de chegar até você.

Você talvez se surpreenda ao saber que a sua mente e sentidos impedem que 98% da realidade chegue até você. Somente 2% da realidade — apenas aquilo que se ajusta às suas crenças — te alcança. A menos que o homem esteja totalmente livre das crenças, ele não poderá conhecer a imensidade da verdade, o êxtase da existência.

Você diz: "Fui criada de um modo que me levou a acreditar que o compromisso é absolutamente necessário para que um relacionamento dê certo." Ora, você tomou muitas coisas como garantidas; não as investigou. E elas podem lhe parecer muito verdadeiras e lógicas. Às vezes, a lógica pode ser bastante absurda. Às vezes, as pessoas assim chamadas instruídas são as pessoas mais idiotas que existem.

Um erudito entrou em sua biblioteca para ler, mas não conseguia encontrar seus óculos. Procurou em todo canto, mas não conseguia achá-los. Então, usou a lógica das pessoas de antigamente, usou o seguinte raciocínio:

"Primeira hipótese: alguém entrou na biblioteca e roubou meus óculos durante minha hora de almoço. Não! E por que não? Porque, se foi uma pessoa que precisava de óculos de leitura, ela usaria os próprios óculos; se não precisasse desse tipo de óculos, por que roubaria os meus? Segunda hipótese: um ladrão roubou meus óculos, não para uso próprio, mas para vendê-los. Mas a quem você pode vender um par de óculos de leitura? Se o ladrão oferecê-los a alguém que precisa de óculos de leitura, essa pessoa certamente já tem os seus, e se o ladrão os oferecer a alguém que não usa óculos, por que essa pessoa os compraria? Não! Então, a que conclusão esse raciocínio nos leva? A pessoa que pegou os óculos certamente é alguém que usa óculos e que tinha os seus óculos, mas não conseguia encontrá-los. E por que não conseguia? Talvez estivesse tão concentrada em seus estudos que, distraída, empurrou os óculos para o topo da cabeça, esqueceu que havia feito isso, e então pegou meus óculos!"

Uma resposta começava a se formar na mente do erudito.

"Vou levar esse raciocínio mais além. Talvez eu mesmo seja a pessoa que precisa de óculos, que tem os seus óculos e que os empurrou para o topo da cabeça, esquecendo-se de que havia feito isso. Se esse raciocínio estiver correto, meus óculos devem estar agora em minha cabeça."

E assim ele passou as mãos pela própria testa e encontrou os óculos. Sorriu, colocou-os de volta sobre os olhos e prosseguiu com a leitura.

Percorrer uma rota tão longa para descobrir seus óculos pousados na própria cabeça! Mas é assim que os tolos cultos caminham — sempre em círculos — e eles seguem apresentando suas hipóteses às demais pessoas.

Essa é apenas uma hipótese, não uma verdade. E você não a investigou, simplesmente a aceitou.

Você diz: "O compromisso é absolutamente necessário..." Pelo contrário! Na verdade, quando há um compromisso, não há nenhuma possibilidade de haver amor. Exatamente o oposto é que é verdadeiro — o que é diametralmente oposto àquilo que, em sua criação, você foi levado a acreditar. A sua hipótese está errada; você tem de investigar desde o início.

E por que digo que o compromisso é absolutamente desnecessário e não apenas um verdadeiro obstáculo ao amor? O que significa compromisso? Significa uma promessa em relação ao futuro. O amor está no presente e o compromisso tem a ver com o futuro. O amor é para hoje e o compromisso é para o amanhã. O amor está sempre aqui e agora, e o compromisso está sempre ali e num momento passado ou futuro; não há como eles se encontrarem.

O compromisso é a promessa de que "Meu comportamento amanhã será o mesmo que o de hoje". Mas como é que você pode prometer algo sobre o amanhã? Talvez você nem esteja vivo amanhã, e mesmo se estiver vivo você poderá ter se transformado completamente; mesmo que você não tenha se transformado, a outra pessoa pode ter mudado definitivamente. O amanhã é imprevisível.

Uma história chinesa, muito antiga:

Um rei estava furioso com seu primeiro-ministro por um determinado motivo, e o rei, uma pessoa meio louca, o condenou à pena de morte. Segundo o costume que vigorava naquele país, sempre que uma pessoa era crucificada, o próprio rei ia assistir à crucificação, e se o condenado quisesse pedir algo, seu último desejo teria de ser atendido. E aquele homem serviu ao rei durante toda a sua vida — havia sido seu primeiro-ministro —, portanto o rei foi assistir à crucificação. Esta aconteceria à noite, então o rei chegou pela manhã, montado em seu belo cavalo.

Através da janela, o prisioneiro pôde ver o cavalo. Quando o rei entrou na cela, o prisioneiro começou a chorar; lágrimas corriam de seu rosto. Ele disse:

— Você, chorando? Eu nunca poderia imaginar isso, nem em sonho! Você, um homem tão corajoso, que lutou em tantas batalhas. Você está com medo da morte?

O primeiro-ministro respondeu:

— Não, não estou chorando nem lamentando pela minha morte, mas por causa do cavalo!

— Como assim? Por que chorar por causa do cavalo? O que o bicho fez?

— Eu nunca disse isso a ninguém, nem mesmo à minha esposa, mas quando eu era jovem, morei com um alquimista. Era um homem que fazia milagres, e com ele eu aprendi a arte de ensinar um cavalo a voar. Mas somente um determinado tipo de cavalo é capaz de aprender isso. Busquei esse tipo de cavalo a minha vida inteira, nunca o encontrei, e hoje você me trouxe esse cavalo. Esse é o cavalo que procurei desde sempre, e hoje é meu último dia! Estou chorando porque minha busca de toda uma vida, meu longuíssimo aprendizado com o alquimista, minha difícil viagem até o Himalaia para aprender essa arte… tudo isso foi em vão. Por que foi trazer esse cavalo justo hoje? Você poderia ter vindo montado em outro cavalo. Pelo menos eu poderia morrer em paz. Agora, vou morrer num estado de grande agitação.

O rei ficou encantado com a ideia de que aquele cavalo pudesse voar. Se fosse possível, ele então se tornaria o único rei em todo o mundo cujo cavalo era capaz de voar! Ele perguntou:

— Quanto tempo levaria para ensinar o cavalo?

O homem respondeu:

— Somente um ano.

O rei então disse:

— Está bem, eu confio em você. Sei que você é uma pessoa de confiança, e que não tentará escapar. Eu lhe dou um ano. Se conseguir ensinar o cavalo a voar, além de se livrar da sentença de morte você receberá metade de meu reino. Se o cavalo não conseguir voar dentro de um ano, claro que você será morto, e eu não terei nada a perder. Pegue o cavalo e vá para casa.

O primeiro-ministro montou no cavalo e foi para casa. Sua esposa estava chorando, pois era o último dia de vida dele. Ela estava se preparando para ir visitar o marido, após a partida do rei. As crianças choravam, todos os parentes e amigos haviam se reunido. Eles mal puderam acreditar quando viram o primeiro-ministro chegando em casa, cavalgando.

— O que aconteceu? Diga, como é que você conseguiu isso? Você escapou da prisão? Mas nós sabemos que esse é o cavalo do rei. Como é que você está com ele, agora?

O primeiro-ministro riu e disse:

— Deixem-me explicar toda a história a vocês.

E contou a eles.

A esposa começou a chorar ainda mais alto.

— Eu sei que essa história é absolutamente falsa. Você não conhece arte nenhuma, nunca esteve no Himalaia, nunca foi aprendiz de alquimista algum. Agora a nossa situação ficará ainda mais complicada. Agora o meu sofrimento vai se prolongar pelo ano inteiro! Era para ele terminar hoje à noite, passados alguns dias tudo voltaria ao normal. O tempo cura tudo. Mas um ano... e a morte estará constantemente pairando sobre nossas cabeças, como uma espada! Se você é tão inteligente, por que pediu somente um ano? Poderia ter dito que precisaria de doze anos.

— Você não conhece o rei — respondeu seu marido. — Doze anos teria sido um prazo longo demais. Eu o conheço perfeitamente bem; pedi a ele o prazo mais longo que era possível, mais do que isso eu já estaria morto hoje. Mas não se preocupe, tudo pode acontecer no período de um ano. O rei pode morrer, eu posso morrer, o cavalo pode morrer! Tudo é possível. Um ano é um tempo longo o bastante — muita coisa pode acontecer. E agora eu estou livre! Não se preocupe.

O desfecho da história é inacreditável: todos os três morreram!

O amanhã é incerto, absolutamente incerto. Como você pode prometer? Com que tipo de compromisso? A pessoa pode se comprometer apenas com o momento, mas isso não é compromisso. Ela pode somente dizer: "Neste momento, eu te amo, amanhã veremos! Talvez sim, talvez não. O amanhã é que vai decidir."

Lembre-se apenas do dia em que você ainda não havia encontrado esse homem específico por quem se apaixonou. Ontem você nem sequer sonhava com ele, e hoje o encontrou. Ontem, não fazia ideia de quem ele era, e hoje já está pronta a comprometer-se. Mas quem sabe algo sobre o amanhã? Talvez você encontre um homem melhor. O que fará, então?

O compromisso é uma idiotice. O homem só pode viver no momento, e o amor é uma flor do momento. É o compromisso que transformou o amor em algo falso. Uma flor de plástico estará aí amanhã, depois de amanhã, entra ano e sai ano. Você pode confiar que ela estará aí — é apenas uma flor de plástico. Mas a verdadeira rosa abre suas delicadas pétalas bem cedo pela manhã, dança ao vento, na chuva, ao sol, e antes que anoiteça suas pétalas já terão murchado; amanhã você não encontrará nenhum traço delas.

Acredita que a flor de plástico é melhor que a rosa verdadeira? Se você acha isso é porque não conhece o amor, conhece apenas o casamento. O casamento é uma flor de plástico, o amor é uma rosa verdadeira. Talvez ela sobreviva, talvez não.

O compromisso é impossível. É uma mentira! E se você de algum modo se comprometer com o amanhã, então haverá apenas duas possibilidades: ou quebrará seu compromisso ou então terá de enganar o outro, fingir. É isso que milhões de pessoas no mundo estão fazendo. Seus casamentos terminaram no último dia de lua de mel, mas eles ainda estão vivendo casados, fingindo, tentando convencer um ao outro: "Eu ainda amo você." Há milhares de anos eles vêm tentando provar a fidelidade ao seu compromisso. Mas cada uma de suas ações — seu rosto e seu ser — mostra que eles estão tristes. Onde está aquela alegria, aquela dança, a celebração que o amor deixa em seu rastro? É que o amor já morreu faz tempo. Eles estão vivendo somente de nostalgia, das lembranças daquilo, na expectativa de que isso possa um dia ressuscitar.

Todo mundo está vivendo com máscaras: fingindo ser alguém que não é, fazendo coisas que não têm vontade de fazer, dizendo coisas que não têm intenção de dizer. Esse é um mundo muito louco. Esteja alerta a essa loucura. E toda essa loucura existe por causa de nossa insistência na absoluta necessidade do compromisso — não apenas "necessidade", mas você diz "absoluta necessidade".

O homem não pode atender às expectativas daquilo que é absoluto. Não peça o impossível! Se você lhe pedir isso, destruirá tudo que é valioso e delicado nele. E é isso que temos feito: pedido às pessoas que atendam às expectativas daquilo que é absoluto.

Numa cidadezinha na Rússia havia um número de garotas muito maior do que de rapazes. Com isso, o casamenteiro local não tinha a menor dificuldade de encontrar garotas compatíveis para os rapazes do vilarejo, embora as garotas acabassem ficando com o rebotalho das combinações de casais.

Um homem muito desagradável do vilarejo, que tinha um rosto igualmente desagradável, buscava uma noiva que tivesse beleza, charme e talentos.

— Tenho a garota perfeita para você — disse o casamenteiro. — O pai dela é rico, e ela é linda, culta e charmosa. Só tem um problema.

— E qual é? — perguntou o jovem, desconfiado.

— Ela tem uma angústia particular: uma vez por ano, essa linda garota enlouquece. Mas não é nada permanente. Dura somente um dia, e isso não causa nenhum problema. Passado esse dia, ela volta a ser charmosa como sempre foi, até o ano seguinte.

O jovem pretendente ponderou.

— Não é nada mau. Se ela é rica e linda, como você diz, vamos lá encontrá-la.

— Ah, agora, não — o casamenteiro o alertou. — Você terá de esperar para pedi-la em casamento.

— Esperar? Esperar o quê? — perguntou o ambicioso homem.

— Esperar pelo dia em que ela enlouquece.

De vez em quando as pessoas enlouquecem, e é nesse momento que elas se casam; é nesse momento que elas se comprometem por toda sua vida; somente na loucura.

E o amor, em seu sentido comum, é algo louco. Ele é biológico, instintivo, inconsciente, hormonal. Tem mais a ver com química do que com espiritualidade. É por isso que podemos facilmente transformar um homem em mulher, e uma mulher em homem. Basta que algumas poucas glândulas sejam alteradas, e um homem torna-se mulher, uma mulher torna-se homem. Hoje isso já é um fenômeno muito fácil, e no futuro acontecerá com uma frequência ainda maior; o compromisso, então, se tornará ainda mais difícil. A sua esposa poderá um dia se transformar em homem — e então? O seu marido poderá decidir se operar e virar mulher — o que você fará?

E acho que as pessoas não perderão chances como essa, pois, se você puder viver como homem durante alguns meses ou anos, logo depois como mulher, e então novamente como homem, estará vivendo a vida de modo multidimensional; terá um pouco mais de variedade — as pessoas se cansam de ser somente homens ou mulheres. Então, isso é ótimo; só para variar, isso é bom. E você também poderá ver o outro lado da história. Se todos os homens, uma vez ou outra, puderem tornar-se mulher, nenhum deles jamais dirá que a mulher é um mistério, que é impossível entender uma mulher; e nenhuma mulher achará que o homem é um mistério. Ela poderá tornar-se homem e conhecer o mistério de dentro. E, se você puder mudar algumas vezes, simplesmente ficará farto do mesmo jogo, pois saberá que não há nada de mais em ser homem, pois já foi homem, e saberá que não há nada de mais em ser mulher, pois você já foi mulher. E isso poderá dar uma imensa transcendência à consciência humana. As pessoas simplesmente começarão a tornar-se budas com maior facilidade.

Um buda é alguém que vai além de ser um homem e além de ser uma mulher; é alguém que transcendeu o gênero. Pouquíssimas pessoas foram budas no passado, e talvez esta seja a razão — pois você continua intrigado com o mistério que é a mulher, e a mulher continua intrigada com o mistério que é o homem. E nem há muito mistério, há somente química.

Portanto, o que você chama de amor é biológico e inconsciente. Você está à mercê de uma força biológica. Ela vem e vai embora. Você não pode fazer com que ela surja, nem obrigá-la a permanecer com você, pois ela não tem nada a ver com sua consciência. Mas o compromisso é consciente, e aquilo com que você está se comprometendo é inconsciente. Não há qualquer ligação entre os dois.

Não posso dizer que o compromisso seja absolutamente necessário para que um relacionamento dê certo. E quem, em algum momento, já ouviu alguém dizer que um relacionamento dá certo? Nenhum dá, isso só acontece no início, mas no momento em que ele começa a se apossar de você, já é tarde demais. No início, o relacionamento é carinhoso e bonito, pois os parceiros estão realmente possuídos pela química e pela biologia, a ponto de enxergar coisas que ninguém mais enxerga.

Quando um homem se apaixona por uma mulher, todos ao seu redor riem. Eles pensam: "Esse cara ficou louco!" As pessoas começam a perguntar: "O que você viu nessa mulher?" Elas perguntam à mulher: "O que você viu nesse sujeito?" Mas os amantes continuam a enxergar coisas — todo tipo de alucinação. Um amante olha para o rosto de uma garota completamente comum e nele enxerga a lua! E, em seu amante, a mulher poderá enxergar todo tipo de deuses! Ela não consegue acreditar que um amor como aquele já tenha existido antes, ou que existirá novamente — é a primeira vez que aconteceu, a última vez que acontecerá. É por isso que em todas as línguas existe a expressão "cair de amores".* De fato é uma queda, uma queda em sua inteligência, em sua humanidade. De fato, é cair numa valeta! E,

* No original, "*falling in love*". [N. do T.]

quando você se compromete, então não consegue mais sair da valeta. O compromisso significa: "Estou caindo para sempre", de modo que a valeta se transformará em sua sepultura.

Os casamentos se transformaram nas sepulturas das pessoas. Não conheço nenhum relacionamento que tenha funcionado, que tenha dado certo. O que funciona é o amor, mas o amor é uma flor delicada; você não pode depender dela. O que funciona é momentâneo. Mas, quando estiver sob o impacto do amor, você poderá se comprometer. Então, se arrependerá, mas não conseguirá escapar do compromisso. Você foi criada com essas crenças: terá de se ater às suas promessas, terá de ser coerente, terá de cumprir a palavra que deu. Agora, sua vida inteira terá sido desperdiçada.

No que diz respeito ao amor, o que funciona é momentâneo; certamente funciona por um momento; mas relacionamento nenhum funciona.

O que funciona não é o relacionamento, mas o estado de conexão entre dois indivíduos, e você precisa compreender a diferença. No momento que se torna um relacionamento, o amor torna-se uma escravidão. E quando você está em escravidão é impossível celebrar e sentir alegria. Você poderá cumprir um dever, mas o dever é uma palavra feia, um palavrão. O dever significa que você foi apanhado e precisa fazer algo.

O amor não é algo que você faz, é algo que acontece; o dever é algo que você precisa fazer. Ele faz com que você comece a se arrastar! Você se transforma em um mártir. Começa a carregar uma cruz sobre os próprios ombros, que pode fazê-lo imaginar que você está se tornando um Cristo. Olhe para todos os maridos carregando suas cruzes. Olhe para as esposas. Ninguém parece estar feliz. Estão sempre discutindo, sempre brigando, sempre arruinando um ao outro, reduzindo o parceiro a uma mercadoria, a um meio para obter algo. A esposa está usando o marido, o marido está usando a esposa. Talvez as finalidades sejam diferentes — a esposa usa o marido com uma finalidade financeira, e o marido usa a esposa com uma finalidade sexual; mas ambos usam um ao outro. Ora, como é que uma pessoa pode ser feliz quando está sendo usada?

Portanto, no momento que o marido sugere à esposa "Vamos dar uma hoje?", ela imediatamente diz "Estou com dor de cabeça", ou então tem um chilique, ou começa uma discussão. Então, no dia em que o marido quer fazer amor com a esposa, precisa lhe trazer sorvete, um buquê de flores, um sari ou algum objeto de valor; então isso é comércio, é somente um toma lá, dá cá. Isso não está funcionando — não há como dizer que esse relacionamento esteja dando certo.

Sim, se o amor se tornar consciente, então haverá uma tremenda alegria — e funcionará.

No nível comum, o amor é inconsciente e animal. Se você o tornar consciente — isso significa o amor somado à meditação —, ele passará a ter uma natureza totalmente diferente, uma beleza diferente, um sabor diferente; então funcionará. Mas funcionará por causa da consciência, não por causa do amor. E a consciência transforma o amor: de um relacionamento, ele passa a ser um estado de conexão entre dois indivíduos; torna-se algo mais parecido com a cordialidade. Ele deixa de ser uma escravidão, e traz liberdade.

No momento em que você se torna meditativo, para de reduzir o outro a um objeto. Então, seu marido deixa de ser um simples marido, a esposa não é mais uma simples esposa, vocês são somente amigos. Não há um vínculo jurídico. Vocês vivem juntos como resultado da liberdade e da alegria. Querem compartilhar, e é por isso que estão juntos. E, quando essa partilha termina, vocês simplesmente se despedem um do outro, com granae respeito e gratidão, pois deve-se ser grato a tudo que um tiver feito pelo outro; não há nenhuma amargura na despedida.

A consciência opera em ambos os sentidos: se você vive junto com alguém, ela se torna uma amizade, e a amizade lhes dá liberdade. Você pode ser simpático e amistoso em relação a muitas pessoas; não há qualquer possessividade nisso. Quando o amor se torna simpatia, amistosidade e cordialidade, não há qualquer possessividade nisso, não há nenhuma exclusividade nem ciúmes nisso. E, quando não há ciúmes ou possessividade, há liberdade.

A liberdade é algo que funciona, a cordialidade é algo que funciona. E no momento em que o amor faz com que um dê liberdade ao outro, disso nasce uma tremenda realização, pois o maior desejo do ser humano é a liberdade, não é o amor. Se for necessário escolher entre amor e liberdade, a pessoa consciente escolherá a liberdade; a pessoa inconsciente escolherá o amor.

Por que Buda fugiu de seu palácio? Ali ele recebia amor suficiente — na verdade, mais do que suficiente, muito mais do que um homem pode digerir. Seu pai concentrou ali todas as lindas mulheres que havia em seu reino; ele estava rodeado de lindas mulheres. Buda escapou — foi capaz de enxergar a escravidão. Nasceu nele um grande desejo pela liberdade.

É por isso que no Oriente o estado supremo é chamado de *moksha*: *moksha* significa "liberdade absoluta" — é um fenômeno mais elevado. Jesus diz que Deus é "amor" — está num estágio mais abaixo. Buda chama Deus de "nirvana", "liberdade absoluta", tão absoluto que você está livre até mesmo de si mesmo. O seu *self* era uma escravidão, uma limitação. Você está livre de tudo, até de si mesmo. Essa é a liberdade pura.

A liberdade é o supremo desejo do homem. O homem só chega ao florescimento em liberdade. A meditação trará a liberdade.

E eu não sou contrário ao amor; ele está somente um nível abaixo da liberdade, e é lindo ter o amor como uma fragrância que nos cerca. Permita que a liberdade seja o seu centro; e o amor, a sua circunferência. Permita que o amor seja a circunferência, e a liberdade, o centro, e você terá um ser total, um ser integral.

Mas o relacionamento nunca funciona, nunca dá certo. Você me pergunta: "De que modo duas pessoas podem se comprometer uma com a outra?" De modo nenhum. Não há como. O compromisso é com a existência, não entre um e outro. O compromisso só pode existir em relação ao todo, não entre duas pessoas.

"O que faz um relacionamento dar certo, funcionar?" Ele não dá certo — e você pode ver isso em toda parte. Ele somente finge estar dando certo. As pessoas continuam dizendo que está tudo bem, que está tudo certo. Que sentido faz a pessoa seguir mostrando sua infelicidade aos outros? Qual é o sentido de revelar suas feridas? Ela as esconde. É humilhante exibir as próprias feridas, então as pessoas fingem que tudo está bem. Seguem sorrindo, continuam reprimindo suas lágrimas.

Conta-se que Friedrich Nietzsche disse: "Eu continuo a sorrir e a rir pelo simples motivo de que se eu não sorrir, talvez comece a chorar." Sorrir é uma maneira de esconder as lágrimas: você redireciona sua energia, das lágrimas para um sorriso, de modo que possa esquecer o choro. Mas todos estão repletos de tristeza.

Observei com atenção a vida de milhares de pessoas, e seus relacionamentos. É tudo uma enorme infelicidade, que elas ocultam, fingindo que está tudo bem. Um relacionamento não funciona, ele não pode funcionar.

E você me diz: "Eu tenho medo do compromisso, então evito os relacionamentos." Você está com toda razão em sentir medo do compromisso e evitar os relacionamentos, mas não evite o estado de conexão com as pessoas. Não tenha nenhum relacionamento exclusivo, seja amistosa. Permita que o amor se eleve ao nível da simpatia e da cordialidade, deixe que isso se torne a sua natureza. Seja amorosa. Não faça disso um relacionamento, simplesmente seja amorosa.

Esses são os três estágios. O relacionamento é o mais inferior, ele é animal. O amor como uma característica de seu ser. Assim como você respira, permita que o amor seja, isso é humano. E o amor em sua expressão suprema não é sequer uma característica: você mesmo se transforma em amor. Então, isso não é sequer como a respiração, mas é o seu próprio ser; então, ele é espiritual. Mas a terceira possibilidade só pode surgir por meio da meditação. Esse refinamento só será possível se as suas energias passarem por toda a alquimia do estado meditativo.

Medite. Torne-se mais alerta em relação ao que você está fazendo, ao que está pensando, ao que está sentindo. Torne-se cada vez mais alerta, profundamente alerta, e um milagre começará a acontecer. Quando você está mais alerta, todo tipo de crença começa a desaparecer, as superstições se dissolvem, a escuridão evapora, e o seu ser interior torna-se repleto de luz.

Quando emerge dessa luz, o amor torna-se simpatia e cordialidade. Não se trata de compromisso, de modo algum; a pessoa vive momento a momento, intensamente, apaixonadamente, totalmente. A meu ver, isso é que é compromisso — compromisso com o momento, pois o momento é a única realidade que existe. O passado não existe mais, o futuro ainda não aconteceu — a existência conhece apenas o presente. Comprometer-se com o momento presente é estar comprometido com a existência, e nenhum outro compromisso é necessário.

A jornada entre a esperança e a desesperança

Osho,

Eu me sinto tão sem esperança. Sinto vergonha em ser um sannyasin *há dez anos e ainda me encontrar nesse estado. Eu hesito em lhe pedir ajuda, pois até mesmo as suas palavras tornam-se mecânicas dentro de mim, após eu repeti-las algumas vezes. Poderia comentar?*

Essa sua falta de esperança ainda não é suficiente. Ela tem de ser ainda um pouco maior.

Chega um momento na desesperança* em que você deixa de esperar. Bem no fundo, a desesperança não é nada além de esperança. Permita que a esperança fracasse completamente, e uma experiência radical emergirá de dentro daquele espaço em que você não tem mais nenhuma esperança.

Pois esperança é um outro nome para o desejo, um outro nome para a expectativa, um outro nome para a ambição. E, antes que possa realizar a si mesmo, é preciso que todos os seus desejos,

---

* No original, "*hopelessness*", que os dicionários definem como "desesperança" ou "desespero" — termos que, por sua vez, estão associados a um sofrimento moral extremo, à aflição, à angústia — todos eles com uma conotação negativa. Contudo, Osho emprega essa palavra como uma mera "ausência de esperança". Isso fica claro na explicação que ele dará a seguir. *[N. do T.]*

todas as suas expectativas e todas as suas ambições tenham desaparecido, e tenham deixado você sozinho. Sem esperar coisa alguma, sem desejar nada, e sem a expectativa de coisa alguma, onde você estará? Não há saída.

A esperança é um caminho rumo à saída, o desejo é uma maneira de afastar-se, a ambição é uma maneira de evitar ir para dentro. No caminho, estar totalmente desesperançado, tão desesperançado que você deixa de esperar... De repente, já está dentro, sem ter dado um único passo.

A esperança é um tipo de ópio; ela o deixa intoxicado. Para poder tolerar a infelicidade do presente, os seus olhos se mantêm fixos numa estrela distante: a sua esperança.

Milhões de pessoas vivem sem encontrar a si mesmas — e não é por causa de algum pecado cometido por Adão e Eva, ou que elas mesmas tenham cometido em alguma vida passada. O pecado é que as pessoas continuam a olhar para o futuro, enquanto o presente continua a acontecer. E o presente é a única realidade — o futuro é um sonho e, por mais agradáveis que sejam, os sonhos nunca se tornam realidade.

A autorrealização não é um sonho. Ela é a realização do seu próprio ser, no momento presente.

Portanto, não se preocupe: você está no caminho certo, ao sentir-se sem esperança. Caminhe mais e mais fundo, esgote a desesperança. Alcance a maior desesperança que for possível. Então, automaticamente, a esperança desaparecerá.

E quando não há esperança, você é. Quando não há esperança, o presente é.

Uma velha solteirona morreu, e suas duas velhas amigas foram falar com o funcionário do cemitério para gravar uma mensagem na lápide da amiga.

— E que frase vocês gostariam de gravar na lápide? — perguntou o homem.

— A frase é bem simples: "Ela nasceu virgem, viveu como uma virgem e morreu virgem."

O homem respondeu:

— Sabem, vocês poderiam economizar um bom dinheiro, gravando somente esta frase: "Devolvida sem abrir."

A maioria das pessoas são devolvidas sem terem sido abertas, e ninguém mais, além delas mesmas, é responsável por isso.

Você está dizendo: "Eu me sinto tão sem esperança..." Ainda não é o bastante; caso contrário, essa questão nem teria vindo à tona. Ainda há esperança. Você diz: "Sinto vergonha de ser um *sannyasin* há dez anos e ainda me encontrar nesse estado." Isso é o seu ego se sentindo ferido; caso contrário, você se sentiria humilde, não envergonhado. Que motivo há para se envergonhar?

A vida não é uma coisa pequena. Ela é tão imensa, e nós somos tão pequenos. O oceano é tão grande, e temos de nadar nele usando nossos pequenos braços. Somente aqueles que nunca começaram a nadar, e ficam parados à margem, só observando os outros, é que deveriam se sentir envergonhados. Para a pessoa que começou a nadar... dez anos não é muito tempo, até mesmo dez vidas são um tempo curto. Ela precisa ter muita paciência. A sua impaciência é que está se sentindo envergonhada; o seu ego é que se sente envergonhado. Você deveria se sentir humilde diante da imensidão da existência, dos mistérios da vida... simplesmente humilde, um zé-ninguém. E nesse estado de humildade, o oceano torna-se pequeno, e seus braços tornam-se maiores.

Você diz: "Eu hesitei em lhe pedir ajuda..." Segue dizendo coisas da boca para fora. Se você está hesitando de verdade, então por que está perguntando? Na verdade, a questão está dentro da própria hesitação. Você deveria perguntar um pouco mais, de modo que possa se abrir, que possa se expor mais. Não continue a se esconder. Que hesitação existe no ato de perguntar? E você continua racionalizando tudo dentro de si; você acaba de racionalizar a sua hesitação.

Todo mundo hesita em perguntar, mas razão e racionalização são duas coisas diferentes. O motivo para hesitar é que a pessoa não quer mostrar sua própria ignorância. E todas as perguntas revelam a ignorância. Uma pessoa espera que um outro idiota fará a pergunta, então aguarda... Pois a realidade humana é uma só, os problemas humanos são uma coisa só, e a busca de si mesmo é uma só. Portanto, algum dia, alguém fará a pergunta que você não teve coragem de fazer a si mesmo.

Mas eu quero que você lembre que, mesmo quando faz uma pergunta, há algo de valioso nisso. Ao perguntar, você está expondo a sua ignorância; ao perguntar, está aceitando que não sabe; ao perguntar, está abandonando a sua condição de pessoa instruída.

Fazer uma pergunta tem mais importância do que a pergunta em si. A pergunta pode ser sobre qualquer assunto — x, y ou z —, mas ela própria é significativa. Você não se mantém fechado, com medo de que alguém descubra que você não sabe. Ao expor-se — e ao deixar claro que é ignorante —, todo o medo desaparece. Você se torna mais humano e mais íntimo de todos aqueles que são companheiros de viagem, pois eles estão na mesma situação que você. É por esse motivo que a pessoa hesita.

Mas a racionalização é uma coisa totalmente diferente. Você racionaliza dizendo "Eu hesito em lhe pedir ajuda, pois até mesmo as suas palavras tornam-se mecânicas dentro de mim, depois de repeti-las algumas vezes". E qual é a necessidade de repeti-las? A pessoa repete a mesma coisa porque quer fazer disso uma coisa mecânica.

Há uma parte robotizada em sua mente: se você repete uma determinada coisa, a parte robotizada assume o comando. Então você não precisa mais pensar sobre isso; esta parte continua fazendo sozinha. Você fica aliviado do peso de pensar, fica aliviado do peso dessa responsabilidade.

E a parte robotizada é muito eficiente; ela é mecânica. Ela tem suas utilidades e também pode ser mal utilizada. Quando você está funcionando no mundo comum, no mundo do cotidiano, precisa lembrar-se diariamente onde fica a sua casa, quem é sua esposa... se todos os dias você tiver de procurar sua esposa no meio da multidão, a vida ficará um pouco difícil. A parte robotizada assume o comando. Ela sabe o caminho de volta para casa; você não precisa mais pensar, a cada vez, se precisa virar à direita ou à esquerda. Você segue ouvindo o rádio, e suas mãos movimentam o volante na direção adequada, até que você chegue em frente à sua casa.

Se a pessoa tiver de pensar sobre tudo, a vida ficará atrapalhada. De vez em quando, isso acontece com algumas poucas pessoas, que não têm uma parte robotizada tão sólida — e essas pessoas são muito inteligentes, a tal ponto que toda a energia delas é direcionada para a inteligência, e sua parte robotizada é abandonada, faminta.

Thomas Alva Edison é um desses casos, que pode ser tomado como exemplo. Certo dia, ele saiu de casa rumo a um instituto para dar uma palestra sobre um novo projeto científico no qual vinha trabalhando. Ao se despedir, acenou para sua esposa e beijou a empregada. Seu chofer não conseguia acreditar no que estava vendo! Mas a parte robotizada de Edison era muito, muito pequena; toda a sua energia vital era dedicada a investigações científicas, para as quais a parte robotizada não é necessária.

Em outro dia, ele trabalhava com alguns cálculos quando sua esposa chegou trazendo o café da manhã. Ao vê-lo tão absorto, ela deixou a refeição ao lado dele, achando que, assim que ele a visse, entenderia por que ela não o incomodou. Nesse meio-tempo, um dos amigos de Edison chegou. Vendo-o tão concentrado, ele também não quis incomodá-lo. Sem nada para fazer, tomou o café da manhã que ali estava, e deixou a louça ao lado do amigo. Quando Edison ergueu os olhos e deparou-se com o amigo, viu os pratos vazios e disse:

— Você chegou um pouco atrasado, eu já terminei meu café da manhã. A gente poderia ter dividido.

— Não se preocupe...

Você me diz que tudo se torna mecânico dentro de você depois de algumas repetições. Mas por que repetir? A repetição é um método para tornar algo mecânico. Faça sempre algo inédito, algo novo, se não quiser ser pego em repetições. Mas, na vida comum, as repetições são perfeitamente naturais.

À medida que você entra no mundo da consciência mais elevada, as repetições se tornam perigosas. Nele, você precisa sempre de uma mente renovada, uma mente inocente, que não conheça nada e que não responda à situação a partir da mecânica robotizada de sua mente, mas a partir da própria fonte vital de sua vida. Aqui, não nos preocupamos com o que é banal e monótono, nossa preocupação é elevar a consciência.

Não repita, não imite. Lembre-se de uma coisa: você deve sempre responder de uma maneira nova. A situação pode ser velha, mas você não deve ser velho. Você precisa permanecer jovem e sempre atualizado.

Experimente dar respostas novas. Em termos de eficiência, elas não serão tão boas quanto as respostas mecânicas, mas a eficiência não tem grande valor na vida espiritual. Tem valor o que é inédito, renovado e atualizado.

Um rabino e o ministro de uma igreja viajavam de avião. A comissária de bordo se aproximou deles e perguntou:

— Aceitam um coquetel?

— Aceito, sim — respondeu o rabino. — Por favor, me traga um Manhattan.

— Certo, senhor. E para o senhor, reverendo?

— Minha jovem, eu preferiria mil vezes cometer adultério do que tocar em bebida alcoólica.

— Eu mudei de ideia — disse o rabino. — Já que posso escolher, vou querer o mesmo que ele.

As pessoas são imitadoras, e a imitação está fadada a não ser inteligente. Elas querem fazer exatamente as mesmas coisas que os outros estão fazendo. Isso destrói a sua espontaneidade, a sua singularidade.

Faça tudo com seu próprio estilo; viva sua vida seguindo sua própria luz. E, ainda que a mesma situação se apresente diante de você, esteja alerta para encontrar uma nova resposta. É uma simples questão de estar um pouco alerta, e uma vez que comece a desfrutar... É realmente uma grande alegria responder a antigas situações sempre de um novo modo, pois é isso que o mantém jovem, o mantém consciente, o mantém não mecânico, o mantém vivo.

Não seja repetitivo.

Mas, quando digo "não seja repetitivo", não me refiro à vida comum, ao mercado. Nesses ambientes, repetição é regra. Mas, no mundo interior, a espontaneidade e o ineditismo da sua resposta são a lei.

Epílogo: uma época muito valiosa

Osho,
Alguém já disse que, em tempos de grande tensão — social, econômica, religiosa —, é possível alcançar o bem maior. Essa afirmação é verdadeira?

Sim, uma época de crise é uma época muito valiosa. Quando tudo já está estabelecido e assentado, e não há crise alguma, as coisas estão mortas. Quando nada está mudando e o que é velho exerce um domínio completo, é praticamente impossível você se transformar. Quando tudo está um caos, nada é estático, nada é seguro, e ninguém sabe o que vai acontecer no minuto seguinte — em um momento de tal caos —, você é livre e pode mudar. Pode alcançar o núcleo mais interno do seu ser.

É como se fosse uma prisão: quando tudo está bem estabelecido, é praticamente impossível para um prisioneiro sair dali, escapar da prisão. Mas imagine a seguinte cena: houve um terremoto, a perturbação é total e ninguém sabe onde estão os guardas, onde está o carcereiro, todas as regras foram dissolvidas, e cada um só responde por si — nesse momento, se um prisioneiro estiver um pouco alerta, conseguirá escapar com grande facilidade. Ele só perderá essa chance se for um tolo.

Quando a sociedade vive uma grande confusão e tudo está em crise, o caos prevalece — se você quiser, esse será o momento de escapar da prisão. É muito fácil, pois ninguém está vigiando você, ninguém o persegue. Você é deixado em paz. As coisas estão numa situação tal que cada um só cuida da própria vida — ninguém presta atenção em você. Esse é o momento. Não o perca.

Em períodos de grandes crises, sempre houve muita iluminação. Quando a sociedade já está bem estabelecida e fica praticamente impossível rebelar-se, ir além, deixar de seguir as regras e a iluminação torna-se dificílimo — pois isso é liberdade, isso é anarquia; na verdade, isso significa afastar-se da sociedade e tornar-se um indivíduo.

A sociedade não gosta de indivíduos; ela gosta de robôs que somente se parecem com indivíduos, mas não são indivíduos. A sociedade não gosta do ser autêntico. Ela gosta de máscaras — de pessoas que fingem, de hipócritas, mas não de pessoas verdadeiras, pois uma pessoa verdadeira sempre causa problemas.

Uma pessoa verdadeira é sempre uma pessoa livre. Não há como você obrigá-la a fazer algo; não é possível torná-la prisioneira, escravizá-la. Ela prefere perder a vida a perder a liberdade. Para ela, a liberdade é mais valiosa do que a vida. Para ela, a liberdade é o valor mais alto. É por isso que, na Índia, damos ao mais alto valor o nome de *moksha*, *nirvana*; essas palavras significam liberdade — total liberdade, absoluta liberdade.

Sempre que a sociedade está vivendo em grande desordem e cada um está cuidando de sua própria vida, a pessoa precisa escapar! Naquele momento, as portas da prisão estão abertas. Há muitas fendas nos muros, os guardas não estão vigiando... a pessoa pode escapar facilmente. O mesmo aconteceu na época de Buda, 25 séculos atrás. Isso sempre chega em um ciclo; o ciclo se completa em 25 séculos.

Assim como um ciclo se completa em um ano — chega o verão e, após um ciclo de um ano, o verão está de volta —, existe um grande ciclo de 25 séculos. A cada período desses, os alicerces antigos se dissolvem; a sociedade precisa estabelecer novos alicerces. Todo o edifício torna-se inútil, precisa ser demolido. Nesse momento, todos os sistemas — econômicos, sociais, políticos, religiosos — são perturbados.

O novo está para nascer; é a dor de um parto.

Existem duas possibilidades.

A primeira é que você comece uma tentativa de consertar a velha e decadente estrutura: você pode se tornar um "servidor público" e começar a fazer com que as coisas fiquem mais estáveis. Então perderá a chance, pois nada pode ser feito: esta sociedade está morrendo. Toda sociedade tem um período de validade; toda cultura tem um período de validade. Assim como quando uma criança nasce, e sabemos que ela se tornará jovem, vai envelhecer e morrer — setenta, oitenta, no máximo cem anos —, toda sociedade nasce, envelhece e tem de morrer. Toda civilização que nasce tem de morrer.

Esses momentos críticos são momentos de morte do passado, do que é velho; momentos de nascimento do novo. Você não deveria se incomodar com isso; não deveria dar sustentação à velha estrutura — ela vai morrer. Se você quiser sustentá-la, poderá ser esmagado debaixo dela!

A primeira possibilidade é esta, de você começar a dar sustentação à estrutura. Não vai funcionar. Você perderá a oportunidade.

Mas há uma segunda possibilidade: você poderá começar uma revolução social para trazer o novo. Nesse caso, novamente perderá a oportunidade — porque o novo vem, você não precisa trazê-lo. O novo já está vindo! Não se preocupe com isso, não se torne um revolucionário. O novo virá. Se o velho já se foi, ninguém pode forçá-lo a permanecer; e, se o novo já está chegando, o tempo já chegou, e a criança já está madura no útero, ela vai nascer. Não há a necessidade de tentar uma operação cesariana. A criança vai nascer; não se preocupe com isso.

A revolução segue acontecendo por conta própria; ela é um fenômeno natural. Não há necessidade de revolucionários. Você não precisa matar a pessoa, ela morrerá sozinha. Se começar a trabalhar em prol de uma revolução social — você se torna um "comunista", um "socialista" —, perderá a oportunidade. Essas são as duas alternativas em que você a perde.

Ou então você poderá usar essa época de crise para ser transformado, usá-la para o seu crescimento individual. Não há nada melhor que um momento crítico na História: há tensão em tudo e tudo é intenso, tudo alcançou um momento, um pico a partir do qual a roda girará. Use essa porta, essa oportunidade para se transformar. É por isso que minha ênfase está na revolução individual.

Apêndices

Declaração Universal dos Direitos Humanos

Adotada e proclamada pela Assembleia Geral das Nações Unidas (Resolução 217-A III), em 10 de dezembro de 1948

Preâmbulo

Considerando que o reconhecimento da dignidade inerente a todos os membros da família humana e de seus direitos iguais e inalienáveis é o fundamento da liberdade, da justiça e da paz no mundo,

Considerando que o desprezo e o desrespeito pelos direitos humanos resultaram em atos bárbaros que ultrajaram a consciência da humanidade e que o advento de um mundo em que mulheres e homens gozem de liberdade de palavra, de crença e da liberdade de viverem a salvo do temor e da necessidade foi proclamado como a mais alta aspiração do ser humano comum,

Considerando ser essencial que os direitos humanos sejam protegidos pelo império da lei, para que o ser humano não seja compelido, como último recurso, à rebelião contra a tirania e a opressão,

Considerando ser essencial promover o desenvolvimento de relações amistosas entre as nações,

Considerando que os povos das Nações Unidas reafirmaram, na Carta, sua fé nos direitos fundamentais do ser humano, na dignidade e no valor da pessoa humana e na igualdade de direitos do homem e da mulher e que decidiram promover o progresso social e melhores condições de vida em uma liberdade mais ampla,

Considerando que os Países-Membros se comprometeram a promover, em cooperação com as Nações Unidas, o respeito universal aos direitos e liberdades fundamentais do ser humano e a observância desses direitos e liberdades,

Considerando que uma compreensão comum desses direitos e liberdades é da mais alta importância para o pleno cumprimento desse compromisso,

(*) Resultado da votação: 48 votos a favor, incluindo os Estados Unidos; nenhum voto contrário; 8 abstenções (Bloco de países do Leste, Arábia Saudita e África do Sul).

Agora, portanto, a Assembleia Geral proclama a presente Declaração Universal dos Direitos Humanos como o ideal comum a ser atingido por todos os povos e todas as nações, com o objetivo de que cada indivíduo e cada órgão da sociedade, tendo sempre em mente esta Declaração, esforce-se, por meio do ensino e da educação, por promover o respeito a esses direitos e liberdades, e, pela adoção de medidas progressivas de caráter nacional e internacional, por assegurar o seu reconhecimento e a sua observância universais e efetivos, tanto entre os povos dos próprios Países-Membros quanto entre os povos dos territórios sob sua jurisdição.

Artigo 1

Todos os seres humanos nascem livres e iguais em dignidade e direitos. São dotados de razão e consciência e devem agir em relação uns aos outros com espírito de fraternidade.

Artigo 2

1. Todo ser humano tem capacidade para gozar os direitos e as liberdades estabelecidos nesta Declaração, sem distinção de qualquer espécie, seja de raça, cor, sexo, língua, religião, opinião política ou de outra natureza, origem nacional ou social, riqueza, nascimento, ou qualquer outra condição.
2. Não será também feita nenhuma distinção fundada na condição política, jurídica ou internacional do país ou território a que pertença uma pessoa, quer se trate de um território independente, sob tutela, sem governo próprio, quer sujeito a qualquer outra limitação de soberania.

Artigo 3

Todo ser humano tem direito à vida, à liberdade e à segurança pessoal.

Artigo 4

Ninguém será mantido em escravidão ou servidão; a escravidão e o tráfico de escravos serão proibidos em todas as suas formas.

Artigo 5

Ninguém será submetido à tortura, nem a tratamento ou castigo cruel, desumano ou degradante.

Artigo 6

Todo ser humano tem o direito de ser, em todos os lugares, reconhecido como pessoa perante a lei.

Artigo 7

Todos são iguais perante a lei e têm direito, sem qualquer distinção, a igual proteção da lei. Todos têm direito a igual proteção contra qualquer discriminação que viole a presente Declaração e contra qualquer incitamento a tal discriminação.

Artigo 8

Todo ser humano tem direito a receber dos tribunais nacionais competentes o remédio efetivo para os atos que violem os direitos fundamentais que lhe sejam reconhecidos pela Constituição ou pela lei.

Artigo 9

Ninguém será arbitrariamente preso, detido ou exilado.

Artigo 10

Todo ser humano tem direito, em plena igualdade, a uma justa e pública audiência por parte de um tribunal independente e imparcial, para decidir seus direitos e deveres ou fundamento de qualquer acusação criminal contra ele.

Artigo 11

1. Todo ser humano acusado de um ato delituoso tem o direito de ser presumido inocente até que a sua culpabilidade tenha sido provada de acordo com a lei, em julgamento público no qual lhe tenham sido asseguradas todas as garantias necessárias à sua defesa.
2. Ninguém poderá ser culpado por qualquer ação ou omissão que, no momento, não constituíam delito perante o direito nacional ou internacional. Também não será imposta pena mais forte de que aquela que, no momento da prática, era aplicável ao ato delituoso.

Artigo 12

Ninguém será sujeito a cerceamentos em sua vida privada, na sua família, no seu lar ou na sua correspondência, nem a ataque à sua honra e reputação. Todo ser humano tem direito à proteção da lei contra tais interferências ou ataques.

Artigo 13

1. Todo ser humano tem direito à liberdade de locomoção e residência dentro das fronteiras de cada Estado.
2. Todo ser humano tem o direito de deixar qualquer país, inclusive o próprio e a esse regressar.

Artigo 14

1. Todo ser humano, vítima de perseguição, tem o direito de procurar e de gozar asilo em outros países.
2. Esse direito não pode ser invocado em caso de perseguição legitimamente motivada por crimes de direito comum ou por atos contrários aos objetivos e princípios das Nações Unidas.

Artigo 15

1. Todo ser humano tem direito a uma nacionalidade.
2. Ninguém será arbitrariamente privado de sua nacionalidade, nem do direito de mudar de nacionalidade.

Artigo 16

1. Os homens e mulheres de maior idade, sem qualquer restrição de raça, nacionalidade ou religião, têm o direito de contrair matrimônio e fundar uma família. Gozam de iguais direitos em relação ao casamento, sua duração e sua dissolução.

2. O casamento não será válido senão com o livre e pleno consentimento dos nubentes.

3. A família é o núcleo natural e fundamental da sociedade e tem direito à proteção da sociedade e do Estado.

Artigo 17

1. Todo ser humano tem direito à propriedade, só ou em sociedade com outros.
2. Ninguém será arbitrariamente privado de sua propriedade.

Artigo 18

Todo ser humano tem direito à liberdade de pensamento, consciência e religião; esse direito inclui a liberdade de mudar de religião ou crença e a liberdade de manifestar essa religião ou crença pelo ensino, pela prática, pelo culto em público ou em particular.

Artigo 19

Todo ser humano tem direito à liberdade de opinião e expressão; esse direito inclui a liberdade de, sem interferência, ter opiniões e de procurar, receber e transmitir informações e ideias por quaisquer meios e independentemente de fronteiras.

Artigo 20

1. Todo ser humano tem direito à liberdade de reunião e associação pacífica.
2. Ninguém pode ser obrigado a fazer parte de uma associação.

Artigo 21

1. Todo ser humano tem o direito de tomar parte no governo de seu país diretamente ou por intermédio de representantes livremente escolhidos.
2. Todo ser humano tem igual direito de acesso ao serviço público do seu país.
3. A vontade do povo será a base da autoridade do governo; essa vontade será expressa em eleições periódicas e legítimas, por sufrágio universal, por voto secreto ou processo equivalente que assegure a liberdade de voto.

Artigo 22

Todo ser humano, como membro da sociedade, tem direito à segurança social, à realização pelo esforço nacional, pela cooperação internacional e de acordo com a organização e recursos de cada Estado, dos direitos econômicos, sociais e culturais indispensáveis à sua dignidade e ao livre desenvolvimento da sua personalidade.

Artigo 23

1. Todo ser humano tem direito ao trabalho, à livre escolha de emprego, a condições justas e favoráveis de trabalho e à proteção contra o desemprego.

2. Todo ser humano, sem qualquer distinção, tem direito a igual remuneração por igual trabalho.

3. Todo ser humano que trabalha tem direito a uma remuneração justa e satisfatória que lhe assegure, assim como à sua família, uma existência compatível com a dignidade humana e a que se acrescentarão, se necessário, outros meios de proteção social.

4. Todo ser humano tem direito a organizar sindicatos e a neles ingressar para proteção de seus interesses.

Artigo 24

Todo ser humano tem direito a repouso e lazer, inclusive a limitação razoável das horas de trabalho e a férias remuneradas periódicas.

Artigo 25

1. Todo ser humano tem direito a um padrão de vida capaz de assegurar a si e à sua família saúde, bem-estar, inclusive alimentação, vestuário, habitação, cuidados médicos e os serviços sociais indispensáveis e direito à segurança em caso de desemprego, doença, invalidez, viuvez, velhice ou outros

casos de perda dos meios de subsistência em circunstâncias fora de seu controle.

2. A maternidade e a infância têm direito a cuidados e assistência especiais. Todas as crianças, nascidas dentro ou fora do matrimônio, gozarão da mesma proteção social.

Artigo 26

1. Todo ser humano tem direito à instrução. A instrução será gratuita, pelo menos nos níveis elementares e fundamentais. A instrução no nível fundamental será obrigatória. A instrução técnico-profissional será acessível a todos, bem como a educação em nível superior, esta baseada no mérito.

2. A instrução será orientada visando ao pleno desenvolvimento da personalidade humana e ao fortalecimento do respeito pelos direitos do ser humano e pelas liberdades fundamentais. A instrução promoverá a compreensão, a tolerância e a amizade entre todas as nações e grupos raciais ou religiosos e promoverá as atividades das Nações Unidas em prol da manutenção da paz.

3. Os pais têm prioridade de direito na escolha do tipo de educação que será ministrada a seus filhos.

Artigo 27

1. Todo ser humano tem o direito de participar livremente da vida cultural da comunidade, de desfrutar das artes e de participar do progresso científico e de seus benefícios.
2. Todo ser humano tem direito à proteção dos interesses morais e materiais decorrentes de qualquer produção científica literária ou artística da qual seja autor.

Artigo 28

Todo ser humano tem direito a uma ordem social e internacional em que os direitos e liberdades estabelecidos na presente Declaração possam ser plenamente realizados.

Artigo 29

1. Todo ser humano tem deveres para com a comunidade, na qual o livre e pleno desenvolvimento de sua personalidade é possível.
2. No exercício de seus direitos e liberdades, todo ser humano estará sujeito apenas às limitações determinadas pela lei, exclusivamente com o fim de assegurar o devido reconhecimento e respeito dos direitos e liberdades de outrem e de satisfazer as justas exigências da moral, da ordem pública e do bem-estar de uma sociedade democrática.

3. Esses direitos e liberdades não podem, em hipótese alguma, ser exercidos contrariamente aos objetivos e princípios das Nações Unidas.

Artigo 30

Nenhuma disposição da presente Declaração pode ser interpretada como o reconhecimento a qualquer Estado, grupo ou pessoa, do direito de exercer qualquer atividade ou praticar qualquer ato que vise à destruição de quaisquer dos direitos e liberdades aqui estabelecidos.

Carta das Nações Unidas

Preâmbulo

Nós, os povos das Nações Unidas, estamos resolvidos a:

– Preservar as gerações vindouras do flagelo da guerra, que por duas vezes, no espaço da nossa vida, trouxe sofrimentos indizíveis à humanidade

– Reafirmar a fé nos direitos fundamentais do homem, na dignidade e no valor do ser humano, na igualdade de direito dos homens e das mulheres, assim como das nações grandes e pequenas

– Estabelecer condições sob as quais a justiça e o respeito às obrigações decorrentes de tratados e de outras fontes do direito internacional possam ser mantidos

– Promover o progresso social e melhores condições de vida dentro de uma liberdade ampla.

E para tais fins:

– Praticar a tolerância e viver em paz uns com os outros, como bons vizinhos

– Unir as nossas forças para manter a paz e a segurança internacionais

- Garantir, pela aceitação de princípios e da instituição de métodos, que as Forças Armadas não sejam usadas exceto em casos de interesse comum
- Empregar um mecanismo internacional para promover o progresso econômico e social de todos os povos.

RESOLVEMOS CONJUGAR NOSSOS ESFORÇOS PARA A CONSECUÇÃO DESTES OBJETIVOS.

Em vista disso, nossos respectivos governos, por intermédio de representantes reunidos na cidade de São Francisco, depois de exibirem seus plenos poderes que foram achados em boa e devida forma, concordam com os termos da presente Carta das Nações Unidas e estabelecem, por meio dela, uma organização internacional que será conhecida pelo nome de Nações Unidas.

Para mais informações

WWW.OSHO.COM

Um site de fácil compreensão que abriga a revista e os livros de Osho, o acervo da OSHO Talks, em formato de áudio e vídeo, e os textos da OSHO Library, em inglês e híndi, além de ampla informação sobre a OSHO Meditations. Você poderá encontrar o programa da OSHO Multiversity e mais detalhes sobre o Resort Internacional de Meditação OSHO.

Sites:

http://OSHO.com/resort
http://OSHO.com/AllAboutOSHO
http://OSHO.com/shop
http://www.youtube.com/OSHO
http://www.twitter.com/OSHOtimes
http://facebook.com/pages/OSHO.International
http://www.flickr.com/photos/oshointernational

Para entrar em contato com a OSHO International Foundation: www.osho.com/oshointernational, oshointernational@oshointernational.com

Sobre Osho

Osho desafia qualquer categorização. Suas milhares de palestras abordam desde a busca individual por significado até as questões sociais e políticas mais urgentes que a sociedade enfrenta. Seus livros são transcritos de gravações em áudio e vídeo de suas palestras improvisadas para plateias internacionais. Como Osho mesmo diz: "Então, lembrem-se: tudo o que estou dizendo não é apenas para vocês... estou falando também com as gerações futuras." Ele foi descrito pelo *Sunday Times* (Londres) como um dos "1000 Formadores de Opinião do Século XX", e pelo escritor norte-americano Tom Robbins como "o homem mais perigoso desde Jesus Cristo". O *Sunday Mid-Day* (Índia) elegeu Osho como uma das dez pessoas — assim como Gandhi, Nehru e Buda — que mudaram o destino do país.

Ao falar sobre seu próprio trabalho, Osho afirmou estar ajudando a criar as condições para o nascimento de um novo tipo de ser humano. Ele costuma caracterizar esse novo ser humano como "Zorba, o Buda" — um ser capaz de apreciar os prazeres terrenos de Zorba, o Grego, e a calma serenidade de Gautama, o Buda.

Em todas as palestras e meditações de Osho percebe-se uma visão que abrange tanto a sabedoria atemporal de todas as eras passadas quanto o mais alto potencial da ciência e da tecnologia de hoje (e de amanhã). Osho é conhecido por sua contribuição revolucionária à ciência da transformação interior, com uma abordagem de meditação que admite o ritmo acelerado da vida contemporânea. Suas únicas Meditações Ativas OSHO são elaboradas para liberar as tensões acumuladas do corpo e da mente, facilitando uma experiência de quietude e relaxamento para a vida cotidiana.

Duas obras autobiográficas do autor estão disponíveis:
Autobiografia de um místico espiritualmente incorreto, [São Paulo, Planeta, 2016]

Glimpses of a Golden Childhood [OSHO International Foundation]

Resort Internacional de Meditação

O Resort Internacional de Meditação Osho é um ótimo local para passar férias e para ter uma experiência pessoal direta de uma nova maneira de viver, com mais atenção, relaxamento e diversão. Localizado em Puna, Índia, aproximadamente 160 quilômetros a sudeste de Mumbai, o resort oferece uma variedade de programas a milhares de pessoas que o visitam a cada ano, procedentes de mais de cem países.

Criada originalmente como um retiro de verão destinado a marajás e a colonialistas ingleses abastados, Puna é atualmente uma cidade moderna e próspera, que abriga inúmeras universidades e indústrias de alta tecnologia.

O Resort de Meditação ocupa uma área de mais de quarenta acres em um bairro residencial muito arborizado, chamado Koregaon Park. Seu campus oferece um número limitado de acomodações para visitantes numa nova casa de hóspedes, mas existe uma grande variedade de hotéis e apartamentos próximos, que ficam disponíveis para permanência de alguns dias a vários meses.

Os programas do Resort de Meditação se baseiam todos na visão de Osho de um novo tipo de ser humano, capaz, ao mesmo tempo, de participar criativamente da vida cotidiana e de buscar relaxamento no silêncio e na meditação. Realizada em instalações modernas, com ar-condicionado, a maioria dos programas inclui uma variedade de sessões individuais, cursos e workshops, que abrangem desde artes criativas até tratamentos holísticos de saúde, terapia e transformação pessoal, ciências esotéricas, abordagem zen nos esportes e recreação, questões de relacionamento e transições significativas da vida para homens e mulheres. Sessões individuais e workshops em grupo são oferecidos durante todo o ano, ao lado de uma programação diária integral de meditações.

Cafés e restaurantes ao ar livre, situados na própria área do resort, servem cardápios indianos tradicionais e uma variedade de pratos internacionais, todos feitos com vegetais produzidos organicamente na própria fazenda. O campus tem seu próprio suprimento de água potável de boa qualidade.

www.osho.com/resort

Este livro foi composto na tipografia Adobe Garamond Pro,
em corpo 12/16, e impresso em papel off-white
no Sistema Cameron da Divisão Gráfica
da Distribuidora Record.